中国工会工作品牌丛书

工人先锋号

WORKER PIONEER AWARD

赖志凯◎编著

中国工人出版社

打造工会品牌　服务职工群众

品牌，是被社会普遍认同、有代表意义和影响力的产品。工会工作品牌，是体现工会组织特点、被职工群众广泛接受、社会认可度高、成效显著的工作项目。改革开放以来，各级工会组织在党的领导下，以服务职工为己任，锐意创新，不懈努力，逐步形成了一批党政认同、社会关注、职工群众欢迎的工会工作品牌。

创始于1992年的“送温暖工程”，从以下岗困难职工为主要对象的“两节”慰问走访的“进万家门、知万家情、解万家难、暖万家心”活动，发展到凸显“制度保障”作用，将党和政府保障民生的政策资源系统集成的“送温暖工程”。各级工会组织不断加大送温暖资金投入的力度，惠及广大职工群众，成为工会服务职工群众的一道亮丽风景线。

从1985年起，中华全国总工会启动“五一劳动奖状奖章”（2016年统称为“五一劳动奖”）的评选表彰。其中，五一劳动奖状授予在我国境内依法注册或登记的非跨地区的企业、事业、机关、社会组织和其他组织以及驻外机构，五一劳动奖章授予中国籍员工。“五一劳动奖”是中国工人阶级最高奖项之一，是每一个劳动者、劳动团体的光荣与梦想。

从2015年“五一”国际劳动节开始，中华全国总工会联合主要新闻媒体陆续推出一批我国广大一线技术工人的杰出代表，采取有力措施叫响做实“大国工匠”品牌，唱响了以劳动托起中国梦的时代赞歌。各级工会充分发挥“大国工匠”的示范带动作用，推动建设我国高素质职工队伍，造就出更多的“大国工匠”。

自2007年起，中华全国总工会开始部署创建工人先锋号活动，2008年命名首批全国“工人先锋号”。今天，这一彰显“一流工作、一流服务、一流业绩、一流团队”的荣誉称号，已经成为班组建设的助推器、培育高素质技工的学校和劳动竞赛活动的重要品牌。

2007 年 10 月 9 日，中华全国总工会下发《“职工书屋”建设实施意见》，一项惠及广大职工群众的公益文化工程就此拉开序幕。历经 15 年发展，职工书屋（电子职工书屋）已经成为工会服务职工的文化工作品牌，成为广大职工群众读书学习的精神家园。

1983 年，中共中央书记处作出了要把工会组织建成职工之家的重要指示。1984 年，中华全国总工会在基层广泛深入开展建设职工之家活动。今天，职工之家成为充分发挥广大职工积极性主动性创造性的重要途径，成为职工群众喜爱的家的港湾。

新时代特别是中国工会十七大以来，各级工会以习近平新时代中国特色社会主义思想为指导，贯彻落实习近平总书记关于工人阶级和工会工作的重要论述，以忠诚党的事业、竭诚服务职工为己任，围绕中心、服务大局，守正创新、勇毅前行，助推新时代工会工作创新发展，也为工会优势服务品牌注入了新的内涵。

践行新时代新要求，面对各级工会持续深化改革创新的生动实践，中国工人出版社启动“中国工会工作品牌丛书”修订工作，着重梳理“送温暖工程”、“五一劳动奖”、“大国工匠”、“工人先锋号”、“职工书屋”和“职工之家”等工会工作品牌在新时代的发展创新，为促进工会高质量发展聚力赋能。本丛书聚焦各级工会立足新时代中国特色社会主义新方位、全面深化改革新阶段，团结动员广大职工为推进中国式现代化建功立业的扎实作为，生动展现了工会组织按照党中央关于群团改革的新部署新要求，不断增强政治性、先进性、群众性，最广泛最紧密地把职工群众团结在党的周围，奋力谱写新时代工运事业和工会工作新篇章。

改革创新是时代发展的最强音，也是工运事业蓬勃发展的不竭动力。随着工会工作的不断推进，传统的工会品牌工作被赋予新的内涵，新时期工会改革创新成果正不断涌现，我们将及时进行总结，以更好地反映和展示工会工作品牌建设的最新成果。

CONTENTS/目 录

引　言

2013年4月28日，北京，全国总工会机关大楼，习近平总书记叮嘱有关部门负责同志，应给这些姑娘配备一些劳动保护用品，不要让她们受伤害，又冷又热又晒，都晒黑了。

习近平总书记指的这些姑娘是潍柴动力股份有限公司“三高”试验队队长常国丽及她的队友。

2012年，潍柴动力股份有限公司“三高”试验队荣获全国“工人先锋号”荣誉称号，作为“三高”试验队队长的常国丽代表试验队参加了人民大会堂的颁奖活动。2013年4月28日，常国丽有幸参加了习近平总书记与全国劳动模范代表“同庆五一节、共话中国梦”的活动。

全国“工人先锋号”是由全国总工会对全国各类企事业单位中为推动经济社会发展做出突出贡献，并具有时代性、先进性和示范性的车间、工段、班组的最高褒奖。

“工人先锋号”是劳动竞赛活动的响亮品牌，是加强班组建设的助推器，是培养高素质职工的摇篮，是工会组织引领职工发扬工人阶级优良传统、发挥工人阶级主力军作用、推动经济社会发展的重要手段。

自2008年命名北京燕山石化公司聚丙烯事业部第一生产部聚合造粒四班等首批1055个集体为全国“工人先锋号”以来，截至2023年共命名表彰了16443个集体。

回顾历史，“工人先锋号”孕育在历史悠久的劳动竞赛之中，是职工群众和基层工会的一个创举。

在这样一项载入中国工运史册的创建活动中，出现了一大批先进集体，特别是20世纪五六十年代的一些先进集体，如马恒昌小组、大庆油田1205钻井队、“毛泽东号”机车组、郝建秀小组、赵梦桃小组等，直到今天，人们对这些先进集体的名字依然耳熟能详。

这些先进集体是我国社会主义建设的排头兵、职工队伍的领头羊，引领和激励着全国广大职工投身到如火如荼的建设、风起云涌的改革开放的伟大实践中，在创造巨大物质财富的同时，创造了丰富的精神财富。

1984年，为了充分发挥工人阶级在推动经济社会发展中的主力军作用，一些地方在服务窗口行业相继开展了创建“工人先锋号”活动，推动班组建设，这是基层工会和职工群众的创造。

2007年，全国总工会号召各级工会组织以车间、班组、工段为阵地，在各行各业开展创建“工人先锋号”活动，并在每年（除五年一次的全国劳动模范表彰年份外）的“五一”国际劳动节进行集中表彰。2008年“五一”国际劳动节期间，全国总工会命名了首批1055个全国“工人先锋号”先进集体。

2008年，为大力弘扬伟大的抗震救灾精神，进一步激励广大职工积极投身抗震救灾恢复生产、重建家园工作，全国总工会决定命名北京大学医学部抗震救灾医疗队等1199个先进集体为“抗震救灾重建家园‘工人先锋号’”，开全国“工人先锋号”即时表彰的先河。

表彰活动以争创一流为主要内容，以发挥榜样激励作用、争创先进团队为途径，引导职工立足本职、爱岗敬业，刻苦学习、忘我工作，不断进取、甘于奉献，锻造了劳模精神、劳动精神、工匠精神，形成了工会工作的一个响亮品牌。

39 年来，“工人先锋号”表彰活动不断发展，广大职工积极参与表彰活动，激发调动了他们的工作热情和创造活力，涌现出一大批技术创新、管理创新、服务创新的先进集体。他们既继承了 20 世纪五六十年代先进集体敢于挑战、勇攀高峰的精神，又更多地体现了改革开放与时俱进、开拓创新的特点，展示了新时代工人阶级的亮丽风采。

第一章
孕　育

2007年8月30日，时任中华全国总工会党组书记、副主席、书记处第一书记孙春兰在全国总工会部署创建“工人先锋号”活动电视电话会议上的讲话强调，深入开展创建“工人先锋号”活动，使其成为全国统一、长期坚持、职工认可、影响广泛的劳动竞赛活动品牌。

劳动竞赛“是在千百万劳动群众最大积极性的基础上建设社会主义的共产主义方法”。劳动竞赛和任何事物一样，有其自身的发展规律，马克思列宁主义第一次揭示了这个规律，并经过亿万职工的辛勤努力，使劳动竞赛不断由低级走向高级。它的内在规律充分体现在马克思列宁主义经典著作，党和国家有关的一系列文件、政策以及人们从事劳动竞赛活动的伟大实践中。

劳动竞赛从苏维埃俄国时期的“共产主义星期六义务劳动”开始，到抗日战争时期各根据地开展的“大生产运动”，再到新中国成立后自觉自愿开展的“增产节约运动”，再到创建“马恒昌小组式班组”的班组竞赛，掀起了社会主义劳动竞赛的一个又一个高潮，走过了近百年的光荣历程，逐步孕育了“工人先锋号”这个响亮的工会工作品牌。

星期六义务劳动

1919 年 5 月 7 日，莫斯科—喀山铁路分局的共产党员和先进的工人群众举行大会，决定把每日工作时间延长一小时，集中于星期六进行无报酬劳动。

大会后的第一个星期六（5 月 10 日）晚上，工人们精神振奋地开始了首次共产主义星期六义务劳动。随即，这种活动得到各地广大工人群众的积极响应。

共产主义星期六义务劳动有力地彰显出工人阶级中蕴藏着的无穷无尽的力量，证明布尔什维克党的威信具有极其巨大和无法估计的力量。更重要的是，共产主义星期六义务劳动收到了很好的效果。根据当时的资料记载，一个人在共产主义星期六义务劳动中干的活，等于不自觉的松懈的工人干一个星期。这是因为，这种活动受到共产主义思想的支配，体现着社会主义劳动竞赛的核心，是人类向前发展的新生事物。

列宁对共产主义星期六义务劳动给予极大的关注，并专门著书阐述它的伟大意义和作用。尽管列宁早在一年以前就预示到社会主义义务劳动竞赛是无产阶级建立政权后的必然规律，但仍将共产主义星期六义务劳动誉为“伟大的创举”，“是因为它向我们表明了工人自觉自愿提高劳动生产率，过渡到新的劳动纪律、创造社会主义的经济条件和生活条件的首创精神”，而这在以前是从来没有过的。列宁指出，“普通工人起来承担艰苦的劳动，奋不顾身地设法提高劳动生产率，保护每一普特粮食、煤、铁及其他产品，这些产品不归劳动者本人及其‘近亲’所有，而归他们的‘远亲’即归全社会所有，归起初联合为一个社会主义国家然后联合为苏维埃共和国联盟的亿万人所有——这也就是共产主义的开始”。

12 月 20 日，列宁在俄共（布）莫斯科市代表会议上作关于星期六义务劳动的报告，会议根据列宁的报告通过了决议，强调星期六义务劳动的巨大意义，认为它是实现共产主义的最初步骤。

共产主义星期六义务劳动有力地支援了苏联国内革命战争，它的巨大意义还在于，点燃了社会主义竞赛之火，成为加速社会主义建设事业胜利前进的动力之一。

苏联的社会主义竞赛诞生之后，经过第一个五年计划时期的突击运动，到 20 世纪 30 年代产生的与先进技术相结合的斯达汉诺夫运动，再到全民性的社会主义竞赛……数十年旺盛不败，不断从低级到高级，走过了光荣的发展道路。同时，也为其他社会主义国家开展劳动竞赛树立了典范，提供了丰富的经验。

劳动竞赛“是在千百万劳动群众的最大积极性的基础上建设社会主义的共产主义方法”。斯大林在《联共（布）中央委员会向第十六次代表大会的政治报告》中指出，竞赛中最突出的地方是：竞赛使人们对劳动的看法发生了根本的转变，它使过去被认为是可耻而沉重负担的劳动变为光荣的事情、荣耀的事情、英勇豪迈的事情。

在资本主义国家里绝没有而且也不可能有这样的事。

斯大林在《第一个五年计划的总结》中指出，“保证我们不顾一切地取得了这个有历史意义的胜利的基本力量是什么呢？首先是千百万工人和集体农庄的积极性和忘我精神、热情和创造性，他们和工程技术人员一起发挥了巨大的力量来开展社会主义竞赛和突击运动。毫无疑问，如果没有这个情况，我们就不能达到目的，就不能前进一步”。

大生产运动

十月革命的一声炮响，马克思列宁主义逐步传入中国，并同中国的革命实践相结合，对中国的无产阶级革命具有深远的意义。由于苏联工人阶级的伟大创举，也由于中国社会主义发展的特殊情况，更由于中国工人阶级及其先锋队——中国共产党的勇敢奋斗和对共产主义事业的坚定信念，早在新民主主义革命时期，我国人民就开始在革命根据地探索社会主义建设的伟大实践。

社会主义劳动竞赛就是其中重要的内容。中国社会主义竞赛萌芽于 1934 年，在革命根据地公营工业企业内部，工人们曾自发地开展起“生产模范队”“经济核算队”等活动，为此，第二次全国苏维埃代表大会和中共中央组织局颁发的《苏维埃国家工厂支部工作条例》中明确支持并推广这些竞赛活动。

毛泽东同志是伟大的马克思主义者，对促进社会主义发展的新生事物具有敏锐的洞察力。他在那时发表了许多最早的有关开展竞赛和奖励先进的论述，尽管是零星的却具有宝贵的价值。

毛泽东同志在 1933 年 11 月完成的《长冈乡调查》中写道：“在生产问题等项的竞赛上，还应召集每个代表领导下的几十个居民开会作报告，并得到他们的承认。一个时期内检查成绩的结果，也应该召集这样的会作报告，来推动工作的前进。一切竞赛没有成绩的，都是由于只把竞赛条约放在少数人的袋子里，没有推动广大的群众。每一次竞赛，都要作出总结，并且给奖。”

毛泽东同志在 1942 年 12 月完成的《经济问

题与财政问题》中指出："应改善职工会的工作，发展赵占魁运动于各厂。职工会工作有不适合于提高劳动纪律与劳动积极性的，必须加以改造。一个工厂内，行政工作、党支部工作与职工会工作，必须统一于共同目标之下，这个共同目标，就是以尽可能节省的成本（原料、工具及其他开支），制造尽可能多与尽可能好的产品，并在尽可能快与尽可能有力的条件下推销出去。这个成本少、产品好、推销快的任务是行政、支部、工会三方面三位一体的共同任务，各顾各的把三方面工作分裂起来的做法，是完全错误的。"

七七事变后，中国共产党实行正确的抗日民族统一战线政策，坚持全面抗战路线，开辟广大敌后战场和抗日根据地。当时的斗争是艰苦的，中国共产党面临的困难与苏联国内战争时期相比有过之无不及。正是在这样的环境下，从陕甘宁边区到各抗日根据地都开展了震动国内外的"大生产运动"，这个运动实际上就是一场规模宏大的军民生产竞赛活动，它是在中国共产党的领导下，建立在自觉自愿的基础上，借鉴过去的经验，充分显示着中华民族的力量之所在。

对于大生产运动，毛泽东同志还发表了不少指导性的文章和讲话，并和中央其他领导一起参加了这一群众生产活动。在评价这一运动的作用和意义时，毛泽东同志高度概括指出："一九四二年和一九四三年两年先后开始的带普遍性的整风运动和生产运动，曾经分别地在精神生活方面和物质生活方面起了和正在起着决定性的作用。这两个环子，如果不在适当的时机抓住它们，我们就无法抓住整个的革命链条，而我们的斗争也就不能继续前进。"

大生产运动促进了抗日根据地的繁荣，推动着中国共产党和全体人民在抗日战争中胜利前进。在大生产运动中还涌现出了一大批像359旅、赵占魁、甄荣典、李凤莲、张秋风等模范集体和劳动英雄，在他们的带领下，在公营工厂中，还开展了赵占魁运动、甄荣典运动、"五一"创模等多种形式的竞赛活动，使得劳动竞赛更加丰富多彩、富有针对性，从而大大促进了社会生产力的发展。

大生产运动没有随着抗日战争的胜利而消逝。解放战争时期，我国东北、西北、华北以及各解放区的广大公营企业工人群众发扬大生产运动的光荣传统，不断扩大竞赛的范围，并与合理化建议活动、创造生产新纪录运动、修拣和献纳器材运动等相结合，有力地支援了解放战争，为新中国的成立创造了强大的物质基础，也为人民当家作主后在全国范围内大规模开展社会主义劳动竞赛，从事伟大的社会主义建设事业提供了良好的经验。

增产节约运动

中国工人阶级不但是这些运动的积极参加者，而且在党和政府的号召下，迅速掀起了爱国主义生产竞赛和增产节约运动，为恢复经济、巩固无产阶级政权做出了直接的伟大贡献。

增产节约运动是我国广大职工在新中国成立后自觉自愿掀起的社会主义劳动竞赛的第一个高潮，它最初兴起于东北和其他部分地区的厂矿企业。由于这个群众生产运动能够针对当时的形势，把劳动竞赛和爱国主义精神结合起来，并有

“增产节约”的明确目标，所以受到各地各行各业的热烈欢迎。

当时，工人们一致喊出“工厂就是战场，机器就是枪炮，多出一件产品就是增加一份杀敌的力量”“减少一件废品就等于消灭一个敌人”的口号，把投入竞赛当作杀敌的战斗。到 1951 年，参加爱国主义生产竞赛的工人高达 240 多万人；到 1952 年，参加增产节约运动的职工更增加到占全国职工总数的 80%以上。

火热的竞赛使工人们干劲倍增，不断为国家创造出大量的财富。生产上的定额指标不断提高，许许多多以旧时的纪录为定额标准的指标都接连被群众以新的劳动态度和创新精神所突破，新的生产纪录不断出现。

太原钢铁厂一个月就曾刷新了 8 次熔钢新纪录；无锡华昌丝厂创造了 14 年来全国生丝产品质量的最高纪录；全国纺织工人创造性地超额完成了突击 20 支纱的任务；电加工业设备利用率 1952 年比 1949 年提高了 82%；国营煤矿的总回采率从 30%提高到 75%；熔铁高炉的利用系数接近了苏联水平；还有过去许多不能生产的产品，

如铁轨、各种刨床、矿山机器、纺织机等也都在生产竞赛中制造出来。

在朝气蓬勃的增产节约运动中，最有意义的发展是工人群众不仅提高了劳动积极性，提高了生产的速度和产品的质量，而且通过开动脑筋、发挥自己的聪明才智，来解决如何改进生产的各种复杂问题，他们已从原来被机器管制的奴隶，变成了真正管理机器和工厂的匠师。

工人们创造出无数的先进工作方法，对大幅度地提高劳动生产率和生产管理的改革起到了极为重要的促进作用。例如，在机械工业中出现的“高速切削法”、“多刃多刀切削法”、按指示图表组织有节奏生产的方法、黄润萍仓库管理法和杨守训翻砂造型法；在煤矿工业中的周期采煤法、崔国山的快速掘进法、马志文的快速钻探法和施玉海小组的安全生产经验；钢铁工业中的平炉快速炼钢和刘长海经验；电器工业中的劳工分工专业化；交通运输行业的李锡奎调车法；基建工业中的苏长有砌砖法、杨德重抹灰法和谢万福木工流水作业法；造纸工业中的快速蒸煮法；纺织工业中的郝建秀工作法和“一九五一工作法”；

食品工业中的李川江车间先进经验和张文宝小组的制油法，等等。

所有这些先进的生产方法，都是工人阶级劳动热情和智慧的生活体现。由于工人群众主观能动性的发挥，技术改进和合理化建议活动也在增产节约运动中逐步扩大起来。

时势出英雄，英雄造时势。增产节约运动不仅是加速经济恢复建设的一个强大动力，而且是造就一代共产主义新人的大学校。当我们今天回首新中国成立初期那艰难的峥嵘岁月，仍会被那模范辈出、群星荟萃的时代所感动。

多少个风雨交加的夜晚、多少个光辉灿烂的黎明，许许多多的英雄模范、先进集体，他们奋勇争先，抢挑重担，为国家、为人民的事业做出了巨大的贡献，他们的先进事迹、先进经验，被人们所传颂，给社会带来无穷的财富。

例如，当时闻名于煤矿战线的模范集体马六孩小组在生产竞赛中，为了提高效率，发挥每一个组员的积极性，在经过反复试验“多孔道”“双孔道”“单孔道”等多种快速掘进法的基础上，创造出了“两个半孔道循环掘进法”，有效地克服了过去互相等待、秩序混乱、浪费人工等现象，他们还订立了爱国公约、实行严格的交接班制度，创造出了月掘进 479.8 米的全国纪录。马六孩小组的经验对煤矿系统的增产节约起了很大作用，在山东、大同、焦作等地的一百多个掘进队推广他们的做法后，月均掘进度提高了 22%~167%。

又如，曾被党组织和人民政府提倡在全国建筑业推广的苏长有砌砖法，改变了传统砌砖法的劣势。传统砌砖法中，许多瓦工共同使用一根准绳，挤在一条线上砌砖，等大家都砌完一条线后，才能重新挂线。因为技术水平不同，就会产生等提线的非生产时间，瓦工在变更操作、调换工具时，也会浪费不少时间。苏长有是东北工业部建设工程公司哈尔滨工程处的一名瓦工班班长，他对工作认真负责，热爱自己的岗位，刻苦钻研，他所创造的按技术等级分段砌砖的方法，提高效率 4~5 倍，为加速技术培训进程和提高工程质量以及砌砖工作上科学分工、合理组织和使用劳动力创造了良好的开端。

马恒昌小组

1951年元旦过后，我国东北正是寒风刺骨、冰冻大地的时节，然而零下几十摄氏度的气温，却没给勤劳勇敢的人民带来丝毫的畏惧，爱国主义生产竞赛仍如火如荼地扩展、蔓延着。

就在这个寒冷的季节里，沈阳第五机器厂马恒昌小组为了使爱国主义生产竞赛持续开展下去，提出了五项条件，向全国工人兄弟发起挑战，以小组名义向全国各条战线发出了开展爱国主义劳动竞赛的倡议。全国总工会对他们的倡议给予热情支持，很快，全国铁路、工厂、矿山的职工积极响应，应战书雪片般飞向报馆，飞向马恒昌小组。不到三个月，就有2800多家厂矿的223万名职工投入竞赛的洪流之中。

马恒昌小组是工业战线生产竞赛中涌现出来的一面光荣旗帜，他们的组长——马恒昌，是在旧社会吃尽了国民党反动派的苦头，对中国共产党、对社会主义制度有着无限深情的老工人。

在新中国成立前夕，马恒昌就曾带领全组人员在艰苦的环境下为支援解放战争立下汗马功劳。1949 年，为提高劳动生产率，马恒昌又带领工人制订出了迎接五月劳动竞赛的条件，获得了“生产竞赛模范”奖旗。在工厂召开的授旗仪式上，马恒昌所在的集体被命名为“马恒昌小组”。

1949 年从红五月开展竞赛到年底，马恒昌小组的 10 名工人生产了 7000 多个零件，件件合格，有 7 人创造了 10 次纪录，改造了 18 种工卡具，全组共立一、二、三等功 16 次，并全部加入了中国共产党，获得工厂、沈阳市、东北工业部三面锦旗。

马恒昌小组在党和工会组织的领导下，总结了许多先进工作经验。他们为了在生产竞赛中取得优异成绩，逐步建立了组内各项生产制度和劳动纪律，而且都很自觉地遵守。

马恒昌小组打破了“技术私有”的旧观念，克服了“教会徒弟，饿死师傅”的旧思想，提出了“教会徒弟，师傅光荣”的口号，新工人一进组便指定专人培养教育、签订师徒合同。师傅教徒弟热心，徒弟学手艺虚心；师傅干活时，徒弟在旁边仔细观察；徒弟干活时，师傅在旁边辛勤指导，情同手足亲密无间。一般来说，三个月后徒弟就可独立干活，新工人都以能分到马恒昌小组感到光荣。

在马恒昌小组，每一个人关心他人比关心自己更多，技术上互相帮助，工作中出现问题大家一起研究。家庭生活、生产学习甚至婚姻恋爱，都是大家互相关心的课题。小组成员都热爱这个集体，以身为这个集体中的一员而感到自豪。

马恒昌小组创造了一种个人成绩考察表，进行公平合理的考核评比。在表中，分出勤率、劳动纪律、产品质量三大项，每项十分，根据每人每天的工作表现，经过评定给每个人记录下来。整个评比过程中，他们在批评和自我批评的基础上达到共同提高。

为提高劳动生产率，他们发扬主人翁精神，刻苦学习先进技术，经过反复实践，终于克服了重重困难，在过去一分钟顶多二三百转的旧车床上，形成了“高速切削法”，大大提高了工效和工人们钻研技术的积极性。

一次，车间分下 20 多个万能铣上的 701 号托架，工件的上下四个眼的中心距离要求高，不得错开半根头发丝的距离，小组的两个人日夜倒班，费了九牛二虎之力，一个星期才干了三个，还报废一个。

面对困难，马恒昌召开了全组会，发动大家研究生产方法，经过热烈讨论，一致认为必须做出一套加工工具，才能解决问题。于是人人出谋划策，共同绘制草图，并请技术员帮忙。经过十多天的紧张奋斗，加工托架的工具诞生了，这样一来，产品不但可以个个合格，而且效率成倍提高。

1950 年 9 月至 10 月，马恒昌出席了在北京召开的全国工农兵劳动模范代表会议，并被评为全国劳动模范，马恒昌小组被评为全国劳动模范小组——“生产战线上的模范”。马恒昌从北京参加全国工农兵劳动模范代表会议回到沈阳不久，因抗美援朝战争和国内经济发展的需要，沈阳第五机器厂的一部分职工要迁往齐齐哈尔，准备建立齐齐哈尔第二机床厂。在谁去谁留的问题上，马恒昌小组很快作出正确的回答，响应党的号召，第一批报名北迁。齐齐哈尔气候更寒冷，条件更恶劣，他们不但没有怨言，反而更加奋力地工作着。

在1951年，中国人民志愿军在朝鲜战场取得了辉煌的战果，马恒昌小组受到很大鼓舞。正是在这种情况下，他们怀着激动的心情，向全国工友发出了竞赛挑战，促进了全国爱国主义生产竞赛的广泛兴起。

1951年6月，马恒昌小组在爱国主义生产竞赛高潮中又向全国工友们提出了更高的挑战条件，使全国爱国主义生产竞赛出现了生机勃勃、一浪高过一浪的局面。在这一年的竞赛中，马恒昌小组一直走在前列，提前两个半月完成了全年生产任务，全组创造了69次新纪录，提出合理化建议23项，给国家增产的价值相当于当时366吨粮食的财富。

在这以后的岁月中，马恒昌小组不断争取更大的进步。到1958年，由于他们坚持技术进步，向技术革新要产量、要质量、要效益，共创造了446种先进工具，分别提高生产效率0.5倍至60倍，小组的每个人都能掌握和运用先进经验30多种，并且已经开始干1967年的活了。从此，马恒昌小组更是成为广大职工群众学习的榜样。

1979年1月25日，第一机械工业部和全国总工会联合下发了《关于颁发〈马恒昌小组式班组标准（试行）〉和〈关于先进班组的称号和验收命名等具体问题的意见〉的通知》。其中指出："根据一机部关于命名马恒昌小组为'三大革命斗争的英雄集体'的决定，已在全国机械工业战线广泛开展了学大庆、赶马恒昌小组的群众运动。为了更好地宣传马恒昌小组的先进事迹，扎扎实实地学习他们的先进经验，大力加强班组建设，加速实现四个现代化的步伐，现将《马恒昌小组式班组标准（试行）》《关于先进班组的称号和验收命名等具体问题的意见》下发，请参照执行。"

在这个时期，全国树立了一批先进班组，涌现出"毛泽东号"机车组、马六孩小组、郝建秀小组、赵梦桃小组、1205钻井队等一大批先进班组。他们为提高企业的素质，加强企业管理，促进生产的发展做出了积极的贡献，各地各行各业也树立了本地区本行业的先进典型。

1986年9月15日至18日，全国总工会和国家经委在北京召开全国班组工作会议暨表彰大会，这是新中国成立以来第一次专门研究和部署加强班组建设的重要会议。会议总结交流了班组建设的新经验，全国总工会和国家经委决定命名296个班组为全国先进班组，并由全国总工会颁发了全国五一劳动奖状。

至此，“工人先锋号”的雏形在劳动竞赛活动中逐步发展孕育。

第二章
发　展

20世纪80年代初期，我国进入改革开放的新的历史时期，随着企业转轨、社会转型以及经济体制改革的需要，劳动竞赛逐步迈入了以通过班组与班组之间、班组内部个人与个人之间的竞赛以及优秀班组长、优秀工管员竞赛等班组竞赛，推进经营管理和采用先进管理办法为明显特征的新阶段。这个时期的劳动竞赛已不是初时的星星之火，而是旺盛的火焰，放射着夺目的光芒。

为了开展好这个时期的劳动竞赛，一些省市和基层工会适应时代发展要求，从活动内容、方式、领域等方面进行了积极探索，创造了许多有利于调动职工积极性、发挥工人阶级主力军作用，并为职工群众喜闻乐见的竞赛形式，“工人先锋号”就是其中的重要活动载体。

“工人先锋号”创建活动，大大激发了职工群众的劳动热情和创造活力。至2006年底，全国各省（区、市）总工会和部分全国产业工会已命名5000多个“工人先锋号”，涌现出了北京公交李素丽服务热线、武夷山竹筏8班、中国石油抚顺石化公司王海班组等一批新时代先进典型。“工人先锋号”创建活动增强了工会组织的凝聚力、影响力，为更好地发挥工人阶级在经济社会建设中的主力军作用作出了突出贡献。

公交车上的风景线

2005年6月12日，北京市西三环马关营1路公交车总站，当金良从领导手中接过闪亮的“工人先锋号”牌匾时，他觉得所有的付出都是值得的。这位北京公交集团电车分公司423路售票员，得知自己所在的83111车组经过两年努力，获得“工人先锋号”后，激动得几宿都睡不着觉。

金良和3位同事提前两天就开始给车做清洁，里里外外擦拭得锃光瓦亮，还凑钱买来红布、绢花，把车子装扮一新。因为住在郊区，担心不能准时赶往市里的会议地点，头天晚上擦完车后，大伙儿索性没回家，住在了车队。

像金良这样感到光荣和激动的北京公交职工还有不少。就在当天，北京公交集团还有 12 条公交线路、29 个车（班）组被北京市总工会分别命名为“工人先锋线路”和“工人先锋号”。

改革开放初期，由于受价值取向多元化和各种社会思潮的影响，北京公交系统一度出现了职工队伍不稳定、服务水平一般化的状况，不能很好地满足乘客需求。

1984 年，为了调动广大职工积极性，提高运营服务水平，北京公交集团工会在认真总结开展“比学赶帮”竞赛活动经验的基础上，针对公交行业“马路车间、单车作业、流动分散”的特点，从发挥先进典型示范引领作用、扩大先进影响力入手，选树了两个多年坚持优质特色服务、乘客满意、具有时代精神的车组，由北京市总工会命名为“工人先锋号”，从此拉开了公交系统创建“工人先锋号”活动的序幕。

“当初的想法很简单，就是如何使工会开展的劳动竞赛更贴近行业、深入职工。”北京公交集团工会主席刘宝玲说，随着活动的不断推进，大家发现，坚持“通过一个人带动一个组，通过一个组带动一条线路”的思路往前走，边际效应可以使“工人先锋号”的舞台和空间拓展得更大。在北京公交集团，有一条不成文的规定：没在“工人先锋号”车组、线路干过的，不能直接提拔到基层管理岗位；而评优评先和晋职提干时，要优先考虑“工人先锋号”群体中的优秀人员。

“我想，这主要是‘工人先锋号’的牌子过硬，大伙儿都认可。”全国劳动模范、北京公交集团第五客运分公司322路驾驶员于京生说，要参评“工人先锋号”，首先要连续三年获得集团公司级先进，同时在安全、卫生、油耗、出勤等方面达到严格的考核指标。“挂上‘工人先锋号’的牌儿挺难，保住这块牌儿更难，这驱使着大伙不断进步。”同时，北京公交集团工会还通过开展“真情手拉手，同心促优质”“党员车组、荣誉车组与一般车组结对子，一帮一，一带一”等活动营造争创氛围，带动整体水平的提高。

1994年，北京公交集团又将创建“工人先锋号”活动从车组扩展到线路，并在实践中注重发挥先进典型的作用，从而使创建“工人先锋号”活动呈现出以先进模范人物带出先锋号车组，以先锋号车组带出先锋号线路，以先锋号线路带动整体服务水平的新局面。

为了使“工人先锋号”成为精品，北京公交集团不断完善评选条件。获得“工人先锋号”的集体，必须是坚持“以人为本、乘客至上”的服务宗旨，有不少于三年集团公司级先进的荣誉基础，在优质服务、特色服务方面赢得了乘客的广泛赞誉。为了保证质量，北京公交集团工会会同企业管理部门坚持定期检查和不定期抽查，对不能保持荣誉的给予黄牌警告、限期整改乃至取消荣誉称号。

由于“工人先锋号”标准高、要求严，因此获得“工人先锋号”的车组和线路，对此殊荣都倍加珍惜。他们以此为新的起点，始终坚持为乘客提供方便、快捷、满意的服务，形成了各具特色的服务品牌，成为引领职工发扬工人阶级优良传统、发挥主力军作用的一面旗帜。在他们的带领下，未获得“工人先锋号”的车组和线路，不断创新服务理念和服务模式，主动加强科学管理，积极开展职工教育培训，强化职工争创一流意识和团队精神，促进了运营服务整体水平的提高。创建“工人先锋号”活动，为广大职工搭建起了成长成才、服务乘客、奉献社会的广阔舞台。

“工人先锋号”集体作为标准化服务的楷模，必须强化品牌意识，从制度建设入手，加强动态管理。为此，在企业党政的支持下，相继制定了《公交总公司市级以上荣誉车队管理规定》、《公交总公司市级以上荣誉车（班）组管理规定》、《关于加强市级以上荣誉车组动态管理的工作意见》等文件，使创建活动向制度化、规范化发展，并与企业管理工作相结合，与职工利益挂钩。北京公交集团规定，凡获得“工人先锋号”的线路，给予2万元至3万元的一次性奖励；获得“工人先锋号”的车组，其人员每人每月可享受50元的服务津贴。

为了激励“工人先锋号”集体保持荣誉，针对企业规模扩大、车辆和人员更新的情况，北京公交集团制定了荣誉车组先进标准，加强了对车组人员的教育培训，开展了先进车组竞赛，还定期组织“工人先锋号”线路和车组人员开展专题研讨和交流。荣获“工人先锋号”的集体，也开展了珍惜荣誉保持先进的教育活动。

2004年，北京公交集团以“工人先锋号”线路创建十周年为契机，通过专题研讨，总结出创建“工人先锋号”活动和保持荣誉的五条基本经验，在全系统加以推广。自开展争创活动以来，从“工人先锋号”中走出来的先进模范占了北京公交集团先进模范总数的大部分，而被命名为“工人先锋号”的车组、线路却不到总数的十分之一。“工人先锋号”不仅成为北京公交优质服务的品牌，而且成为提升职工素质、培养劳模先进的摇篮。

“‘工人先锋号’是职工身边的标杆、旗帜，在引领、示范、提高职工队伍整体素质方面起着很重要的作用。”刘宝玲认为，正因如此，如何保持“工人先锋号”永不褪色就更显至关重要。为此，北京公交集团工会不断健全完善争创“工人先锋号”活动的机制、制度。每次北京公交集团有大的机构调整，工会马上跟进调研，凡出现新问题及时解决。

此后，北京公交集团对“工人先锋号”的评比、抽查、监督、奖励等建立了一套较完善的制度体系。特别是实行动态管理后，大家切身感受到“保牌”不易，稍有松懈就可能受到黄牌警告、限期整改乃至被摘牌。同时，北京公交集团加大了奖励力度，对于评为“工人先锋号”的车组、线路，除了一次性奖励，车组成员每月都有一定的津贴，并对在岗劳模按全国级、市（部）级和集团公司级三个层次发放相应的劳模补助。

所有这些，使得争创“工人先锋号”、争当劳模先进在北京公交集团职工中成为风尚。刘宝玲说：“‘工人先锋号’这个荣誉对社会是公示和承诺，对职工是榜样和旗帜，我们必须用自己的行动把它擦得更亮！”

截至2006年底，北京公交集团共有60条线路和170个车组被分别命名为“工人先锋号线路”和“工人先锋号”，逐步形成了“助老助残”“温馨车厢”“旅游精品”和公交李素丽服务热线等高质量的特色服务品牌，赢得了社会各界和乘客的赞誉。“工人先锋号”集体成为首都公交精神文明建设的先锋队、优质服务的代表队，在公交运营生产中发挥了不可替代的排头兵和典型示范作用，深受百姓认可。

这些先进集体以一流的服务诠释着北京公交“一心为乘客，服务最光荣”的行业精神，展示着广大职工与时俱进、爱岗敬业、优质服务、甘于奉献的风采，成为首都公交系统一道亮丽的风景。

服务窗口的流行色

服务业是最早开展创建“工人先锋号”活动的行业。随着经济社会的不断发展，人们对服务的需求不断增长，对服务的要求越来越高，服务品牌日益成为企业争夺顾客、拓展市场、提高效益的重要手段，以优质服务创造企业的拳头产品，成为企业发展的途径和增添企业活力的根本出路。服务业开展创建“工人先锋号”活动，抓住了优质服务这一关键点，把规范服务、提升服务水平、创造服务品牌作为重要内容，通过树立先进的服务理念、增强服务意识、不断提升服务艺术和水平、创造个性化的特色服务、推出服务精品，发挥示范带动作用，推动形成社会公众广泛认可的服务品牌，在提供优质服务和创造服务品牌方面进行了成功的实践，助加快服务业发展一臂之力。

几乎在北京公交集团创建“工人先锋号”的同时，一些省市的窗口服务业也兴起了创建“工人先锋号”活动。福建省武夷山竹筏公司8班就是其中的一家。

“不登天游，虚此一游。不坐竹排，等于白来。”这句顺口溜儿道出了武夷山登天游、乘竹筏在游客心中的分量。九曲溪作为中国最美的溪流之一，每年接待海内外游客数以百万计，繁重的接待任务就落到550多位排工身上。由15人组成的竹筏8班，是竹筏公司36个班组中的先进代表。从2004年10月开展创建“工人先锋号”活动以来，他们脚踏实地，立足本职，开展创业竞赛，勇于比拼，几乎每年都上一个台阶，先后获得武夷山市、南平市、福建省总工会授予的“工人先锋号”称号。

竹筏8班拥有党员、退伍军人各4名，团员2人。班长游凤玉是巾帼女标兵，在她的带领下，竹筏8班与兄弟班组比形象、比管理、比服务、比安全，每年都在36个班组中进入前两名，人人都是一面旗帜，真正发挥了“工人先锋号”的先进标杆作用。

外出旅游，遗失钱物是常事。在竹筏上，排工们一年不知要捡到多少钱物。有一次，香港游客林先生一家人乘坐竹筏，不慎将装有护照、机票及8张银行卡、大量现金的提包遗落在竹筏8班的竹筏上，被游凤玉和排工徐贵良拾到。竹筏一到终点站，二人便将提包交给了工作人员。钱物失而复得，林先生感激万分。

对竹筏8班的排工们而言，游客虽是未曾谋面的陌生人，但结缘于这小小的竹筏，彼此的人生也就有了交集。

服务质量的优劣，并不仅仅反映排工个人的工作态度，而是直接关乎武夷山的形象。游凤玉深谙此理，为这个只有15人的班组建立了一套完善的管理制度，和其他班组比管理、比服务、比安全，鼓励大家“争强好胜”。凭借出色的表现，这支队伍很快脱颖而出。

如果说，排工们最初的表现是严明纪律管束的结果，那么竹筏8班倾注于这份工作的热忱则完全是发自内心的。因为徜徉于集天地灵气的武夷山水间，他们的心境更加平和；因为曾经付出的辛劳，已经换回更多的肯定和赏识。

做好本职工作就是最好的回报，竹筏8班常常这样提醒自己。

每到旅游旺季，排工们都忙得不可开交。为了让游客都能如愿以偿地坐上竹筏游九曲溪，竹筏8班常常主动要求加班，为其他班组请假的排工顶班。每天行排6趟次，年均接待中外游客逾40万人次。

每天要接触大量游客，难免会遇上个别难缠的客人。遇到这种情形，竹筏8班的排工总能巧妙化解。他们相信：只要以诚待客，没有解不开的心结。

有一次，几位游客刚上筏，就对竹筏8班的排工横挑鼻子竖挑眼，甚至打算自己撑排。排工胡维生、吴启福不急不恼，一脸笑容，告知公司的行筏规定后，和他们倾心交谈。短短一个半小时里，大家宛如多年未见的老朋友，相谈甚欢。下排时，几位游客连声道歉，并在质量反馈单上写下了“很满意”三个大字。“我游遍大江南北许多景区，武夷山九曲溪竹筏漂流可谓独一无二。拥有全国‘工人先锋号’美誉的竹排8班，更是名副其实。他们面带微笑，尽职尽责，细致入微的服务，让我终生难忘!”这是辽宁游客孙永华在中国武夷山网站“雁过留声”栏目的留言。能和武夷山水相得益彰，这不正是竹筏8班奋斗的原动力吗?

竹筏8班的“工人先锋号”牌子特别响亮，他们的事迹得到了《工人日报》、《中国旅游报》、《福建日报》、《闽北日报》、南平电视台和《生活·创造》杂志等媒体的广泛赞誉。

与此同时，在全国各地争创“工人先锋号”活动，已经从传统窗口服务行业扩展到所有产业领域。这些先进集体，不论地域、行业、工种、岗位，以车间、工段、班组为阵地，以一流工作、一流服务、一流业绩、一流团队为目标，充分彰显了当代中国工人阶级的先进性，从而赋予了“工人先锋号”全新的内涵。

呼和浩特铁路局集宁工务段福生庄养路工区是中华全国铁路总工会命名的“工人先锋号”。这里自然环境和工作条件都比较艰苦，但对职工来说，工区却是一个温暖的家：工区的事就是家里的事，同事的事就是自己的事。几十年来，无论哪名职工遇到困难，同事们都会伸出温暖的手；工区无论大事小事都由职工代表大会来决定，形成了和谐的内部环境。

宁夏石化公司水汽部一化四轮班是宁夏回族自治区总工会命名的“工人先锋号”，是石化公司第一套化肥装置关键生产班组之一，共有员工15名。该班不断加强班组管理，为了有效地控制生产过程中出现的工艺波动、非计划停车等事故的发生，总结出一套行之有效的“跟、查、贴、对”生产受控办法，仅2006年就发现和避免隐患达20余起，为公司的安全生产做出了贡献。

广西壮族自治区“工人先锋号”——玉柴工程机械有限责任公司焊接班共开展小改小革65项，创造利润140万元。

四川省“工人先锋号”——川威集团有限公

司炼钢厂工艺设备技术组共有成员 15 人，平均年龄才 29 岁。他们大力实施科技攻关，每年创造数十项生产纪录。针对炼钢工艺控制流程，他们实施技术创新，优化工艺方案，年降低成本 2000 万元以上。

中建一局国贸三期项目部是中国海员建设工会命名的“工人先锋号”。在长期的市场竞争中，他们深感人才的重要，为员工们提供了各种学习途径，如请专家、参加网络学院学习、组织观摩讨论等。员工们则在工程的设计、估算过程中，主动把感受到的差距和压力变成学习的动力，不断挑战自我，补充知识。这个平均年龄 33 岁的年轻集体，在做国贸三期这样超大超难工程中，发表了数篇科技论文。

江苏省江阴阳光集团机工班是江苏省江阴市命名的“工人先锋号”，有 6 名成员，负责机器设备的保养维护和管理。班组成员原有的文化水平并不高，面对写满洋文的设备说明书，全班唯一的一名大专生当起了老师，中英文辞典沾满了油污，换了一本又一本，最终大家都看懂了说明书！后来，机器出了大毛病也不用请专家了。再后来，专家没有解决的课题也被攻下了！他们还坚持小改小革，改进加工部分配件替代进口，对需要更换的配件以旧换新，全年共节约各类费用106万元。

一时间，各级工会从经济社会发展和职工队伍建设的实际出发，找准服务工作大局的切入点，教育引导职工树立发展之志，汇聚发展之力，共建发展之功，动员组织广大职工广泛开展争创“工人先锋号”活动，有力地促进了经济社会发展和职工队伍素质提高，发挥了工会在社会发展中的作用。至2006年底，全国各省（区、市）总工会和部分全国产业工会已命名了5000多个“工人先锋号”。

风靡全国的“王海班”

一个小的班组也许只有几个人，但所有的生产经营活动最终都要落实到班组，班组的水平和活力在很大程度上决定着企事业单位的水平和活力。抓好班组建设各项工作，对于加强企事业单位管理、促进企事业发展和提高职工素质，都具有重要意义。

班组间的劳动竞赛产生“工人先锋号”，“工人先锋号”的创建活动又有力地促进了班组建设。

基于此，创建“工人先锋号”活动把目光投向班组，把班组作为创建活动的主要阵地，把班组建设与创建活动紧密结合，不断推动班组科学管理和民主管理，提高职工素质，增强班组活力和凝聚力，使创建“工人先锋号”活动成为提升班组建设水平的助推器。

辽宁省抚顺石化公司石油三厂分子筛脱蜡车间的王海班就是一个典型的例证。

多年来，王海班积极参加公司组织的练兵比武和星级班组达标竞赛等活动，确立“一岗精、两岗通、三岗清”的学习目标，采取拜师学技、师徒同奖同罚和过“三关”考核等措施，激发大家的学习热情。

王海班经过不断探索，总结出“精细操作安全受控三步十二法”，面对两次大停水、三次大停电、多次仪表停风等突发事件，一次次化险为夷。

细心的王海发现班组存在两个现象，一是新来的大学毕业生爱面子，遇到不懂的问题不好意思向师傅请教；二是班组成员钻研技术学知识“跑单帮”，有疑问时自己一个人琢磨。如何改变？利用好班会这个平台是有效的办法。

王海说：“班会不应该是我一个人唱独角戏。以后，大家发现什么问题，有什么需要大家注意的都可以讲讲。再说了，遇到什么难题别一个人憋着，和大家交流交流，三个臭皮匠，顶个诸葛亮。”

一开始，大家都不好意思讲，王海点将了：“咱们班陈荣衡师傅在全厂很有名气，他的压缩机技术没有几个人能比得上。那么他的这手绝活是怎么摸索出来的？大家想不想听？”于是，陈荣衡谦虚中略带几分自豪地说出了自己的经验。

王海带动班组成员在不知不觉中提高了技能。一次，他带着青工小郑出去巡检，一边走，一边给小郑讲工艺流程，讲装置运行的实际情况。转了一大圈回来后，王海说：“你能帮我把刚才说的写下来吗？我是会说不会写。”“行。”

第二天，小郑把整理得工工整整的笔记交给王海。看着小郑清晰认真的笔记，上面还清清楚楚写着化学反应的方程式，王海笑了。他把内容念给大家听后，把笔记交给小郑，说："写得真不错，以后结合实践再修改修改，那就更完美了。"小郑恍然大悟，班长是用这种方法在教自己学技术，一股感激之情油然而生。

一条曲线的细微变化，可能意味着产品产量、质量或收率的变化。大家从大量的分析总结中，找出了产品内在的变化规律。

一个设想不分昼夜地缠绕着王海。他在想，能不能按照规律变更指标控制？也就是说，能不能将抽出塔、抽余塔 19 板、18 板温度由原来的 123 摄氏度降至 110 摄氏度？这样可以使集油箱中不带抽余油或少带抽余油，从而保证冲洗液的纯度。王海把这个想法向车间领导作了汇报。

大胆更改操作标准后，振奋人心的消息传到车间：王海班 300 单元的收率提高 2 个百分点。就是这 2 个百分点，2000 年王海班为车间增效 2000 多万元。具体增收的数目：月节省燃油 7100 吨，节资 591.6 万元，节水、电、汽、风等动力指标价值259.6万元，单位加工费同比节省了644.7万元。

为了控制成本，王海班在小岗位上做出了大文章。他们将制约成本的原料、燃料、动力、水、电、蒸汽等8种能耗指标进行分解，分解后又进一步按工艺流程和岗位特点进行细化。为了让大家能直观看到自己所控制的工艺有多少成本，他们绘制了曲线图，每天根据曲线图了解影响和制约成本的各种因素，然后再根据这些参数进行调整、控制，力争使分子筛脱蜡装置处在低成本高效益的运转状态。

按王海班优化方法操作，一个班下来，平均每天可为企业节省2000多元，一年会使企业减少投入72万元。

王海班敢于向洋技术挑战。为了缩短开工时间，他们曾6个单元同时“倒开车”，使装置开车时间由原来的90天缩短到38天，降低成本150多万元，创造了同类装置开工速度最快的世界纪录。

操作世界上最先进的生产工艺设备，其压力可想而知。但王海班“三不”形成的氛围，给工人带来的是愉悦与辉煌。“不压抑”，说的是在王海班工作感到轻松，复杂操作的紧张压抑被快乐所取代。

“不猜疑”，说的是在王海班不用担心谁算计谁，谁误解谁，谁难为谁，大家有啥说啥，从不掖着藏着。

“不客气”，说的是谁家有事吱一声，大家都会尽力帮助解决。

这三个“不”让大家感到，到王海班就像到家一样，有一种轻松快乐的感觉。学习上，谁有什么不懂的难题，大家会帮着解答；遇到疑难问题，大家你一言我一语就能够解决。王海班的每名员工谈起自己的集体时都充满了感情，他们认为虽然班组纪律严明，但因为实行亲情管理，所以都有一种强烈的归属感，班组像个大家庭。

现代企业的班组建设，和谐是“1”，管理、效益、创新等其他工作都是“1”之后的“0”。如果没有和谐这个“1”，其他工作只能归零。

到底是靠什么把班组凝聚在了一起呢？

以和谐为理念，王海总结管理经验时特别指出：“量化要亮化。”

一天夜班，第一次巡检完毕，老工人李师傅来找王海了。他认为这个月自己奖金少，不公平。

“这月奖金是怎么发的？少钱，我不在乎。可同样上班，我寒碜不起！我这么大岁数还挣不过小青年，脸往哪儿搁？”王海一听是这事儿，笑了。王海点击鼠标，调出了一组数据和曲线，说：“你看，这是小王的，这是小梁的，这是小许的，再看看你的，这就是咱班发奖金的依据。你先看看，有疑问再提。”

老李瞪大眼睛看着，别人的操作曲线平稳得像无风的湖面，而自己操作的曲线有点像平静的湖面扔进去块石头，水面涟漪荡漾。他明白了，自己的操作不稳定，计算机全都记录在案。

看到每个人的动态曲线和数据，就知道每个人应该拿多少奖金。无可争议，老李出去巡检了。没过多长时间，老李进屋就开诚布公地说：“我再看看其他人的奖金。”他想，操作不好奖金少点，可不能差得太多啊。

老李打开计算机班组奖金分配文件夹，看完曲线再看奖金的额度，比较着查找分配不合理的依据。在文件的最后一页，他却发现班长怎么会比自己还少？王海的名字排在全班奖金排名的最后。咦，怪了，难道还有另一笔账目？王海看出了他的心思说：“老李，还有什么疑问？”

“我不理解，你的曲线很平稳，怎么没有我的奖金多？”

“你的操作不稳定，我当班长的有不可推卸的责任，光扣你不扣我，那不合理。”

老李听后感到很羞愧。打那以后，老李那条影响奖金的曲线，再也不是波浪起伏了。

上夜班，不是在夜深人静的时候离开家门，就是在伸手不见五指的黑夜回家。女工上下夜班的安全问题，是每个家庭的心结。未婚的女孩子每次都得父亲接送，已婚的女工就得由丈夫接送。一旦父亲或丈夫有事，就得求助亲戚朋友。

耿丹大学毕业，被分到抚顺石化公司石油三厂分子筛脱蜡车间，想进王海班。可真到了王海班，第一天却哭了。

“小耿，你去把加热炉的两个油嘴儿都点着！”去加热炉点油嘴儿？耿丹没有接茬儿，脸上闪过紧张的神情。王海又一次交代：“小耿，去给3台加热炉点火！”

点加热炉是较难掌握的技能。从油嘴儿喷出的渣油在高速气流的推动下嘶叫、燃烧，打开炉门时，炉膛儿内喷出一股高达七八百摄氏度的灼热气流，瞬间就能燎光人的眉毛和头发，甚至还能把面部严重烧伤。干这活儿，不仅要有技术，还要有胆量。

耿丹对加热炉有一种畏惧感，不要说接近它，就是一听说“加热炉”这三个字都心里发怵。见耿丹原地不动，王海加重语气追了句：“小耿，你没听明白我的话？”声音虽不大，却有种不容置疑的力量。耿丹呆呆地立在那里，眼圈儿微微有些发红。她弄不懂，原来那个和蔼可亲的王班长，为什么现在如此无情。

深秋的雨夜凉意阵阵，耿丹不由得打了几个寒战。

前面就是加热炉的炉门了，不知是由于寒冷还是由于害怕，耿丹握住油气阀门准备旋开时，手颤抖得不听使唤……越想越怕，越想越不敢想，刚刚握住阀门的手又松开了。

终于，她鼓起勇气，双手再次攥紧油气阀

门，准备用尽全力把它旋开。这时，她感到头顶密集的雨丝突然停了。一抬头，看到头上罩着一把伞，给她撑伞的人就是王海。王海语气温和地说："你就是恐惧感太重，等过了这一关就好了。点火要稳住神、沉住气，一切按规程操作。特别要注意先后顺序，注意油阀和气阀一定要配合好，点火要掌握时机，恰到好处。"

在王海的鼓励和指导下，耿丹一口气把另外两个炉也都顺利点着了。熊熊燃烧的炉火，让耿丹的内心处于深深的感激中，她的眼睛湿润了。

事后，王海语重心长地对耿丹说："你在大学学的就是流程，学流程的就必须对整条生产线上的每一台装置了如指掌，要不你就无法适应将来更重要的技术和管理工作。我知道，加热炉就是挡在你面前最大的一只拦路虎。那天，我是有意安排的。怕出意外，我一直跟在你后面。当我看到你终于战胜心理障碍准备点油嘴时，我才上前帮你。"

耿丹的眼泪顺着脸庞淌了下来。

就这样，多年来，在王海的带领下，王海班大力弘扬工人阶级伟大品格，以昂扬向上的时代风貌、蓬勃旺盛的劳动热情和百折不挠的顽强意志，积极争当继续解放思想、锐意改革创新的时代先锋，推动科学发展、促进社会和谐的行动楷模，创造了“五型”（技能型、效益型、管理型、创新型、和谐型）班组的工作经验，在平凡的工作岗位上创造出不平凡的业绩，先后获得“中央企业学习型红旗班组标杆”“全国职业道德建设百佳班组”和全国五一劳动奖状等荣誉称号。

2003 年 6 月，抚顺市总工会、市经委在抚顺石化公司召开了向王海班学习现场会，抚顺市委办公厅、市政府办公厅联合转发了《关于在全市企事业班组开展向王海班组学习活动的通知》。

2005 年 2 月，辽宁省总工会做出了《关于推广王海班经验开展创建“五型”班组活动的决定》。同年 11 月，辽宁省总工会在抚顺召开了“辽宁省工会学习王海班创建‘五型’班组经验交流会”。

2006 年 8 月，辽宁省总工会、省经委在抚顺主办了学习王海班暨现代企业班组管理研讨会。

2007 年 9 月，中国石油天然气集团公司出台了《开展创建“五型”班组活动的实施意见》。

2008 年 7 月 10 日，时任中共中央政治局委员、全国人大常委会副委员长、中华全国总工会主席王兆国视察王海班，并题词“向王海班学习，加强基层班组建设”。

2008 年 8 月，中国石油天然气集团公司在抚顺石化公司召开了“中国石油班组建设经验交流暨抚顺石化现场会”，王海班获得辽宁省“工人先锋号”和全国“工人先锋号”荣誉称号。

2010 年 8 月，在全国班组建设工作会议上，全国总工会、工业和信息化部、国务院国有资产监督管理委员会、中华全国工商业联合会联合下发了《关于开展向“王海班”学习活动的决定》，时任中华全国总工会副主席、书记处第一书记王玉普在会议上指出，企业是国民经济的重要支柱，班组建设工作是关系企业乃至国民经济发展的一项重要基础工作。此后，在全国企业中开展了向王海班学习活动，兴起了一股全国上下学习王海班的热潮。

“工人先锋号”活动的创建工作，就这样促进了班组间的劳动竞赛，有效地推动了班组建设。

第三章
创　建

2007 年，在历史的年轮中是平凡的一年，但在工会工作乃至中国工人运动史上，却是彪炳史册的一年，因为在这一年，是全国“工人先锋号”创建的元年。

从 1984 年北京公交集团工会创建“工人先锋号”活动拉开序幕开始，一些省市纷纷在服务窗口行业相继开展创建“工人先锋号”活动。至 2006 年底，全国各省（区、市）总工会和部分全国产业工会已命名了 5000 多个“工人先锋号”，大大激发了职工群众的劳动热情和创造活力。

创建“工人先锋号”活动得到了全国总工会的高度重视。时任中共中央政治局委员、全国人大常委会副委员长、中华全国总工会主席王兆国多次作出重要指示，要求大力开展创建“工人先锋号”活动，组织广大职工以更加踊跃的态度、更加持久的热情参与其中，创建更多的“工人先锋号”，在推动科学发展中发挥更大的作用。

全国总工会第十四届执行委员会第四次全体会议提出，要使创建“工人先锋号”等建功立业活动，逐步形成全国统一、长期坚持、职工认可、影响广泛的劳动竞赛活动品牌。2007 年 8 月 30 日，全国总工会召开电视电话会议，下发了《关于深入开展创建“工人先锋号”活动的实施意见》（以下简称《意见》），对创建活动进行了全面部署。《意见》明确规定，全国总工会和省（区、市）总工会将定期或不定期对“工人先锋号”工作进行考核检查，不符合条件的限期整改，整改达不到要求的取消称号，收回牌匾；此后，全国五一劳动奖状（班组）原则上从全国“工人先锋号”中产生。

2008 年“五一”国际劳动节前夕，全国总工会命名表彰了首批 1055 个全国“工人先锋号”先进集体。

实践表明，开展创建“工人先锋号”活动，有利于更好地调动和发挥职工的积极性和创造性，有利于工会组织在围绕中心、服务大局中充分发挥作用。

孔祥瑞操作队迎来尊贵的客人

“你出一份力，我出一份力，企业就会增活力；你解决一个难题，我解决一个难题，企业发展就没问题。”这是全国劳动模范、“蓝领专家”孔祥瑞的带队理念，也是一个“工人先锋号”发挥主力军作用的写照。

在天津港煤码头公司，孔祥瑞操作队设计的电缆卷筒防出槽、脱落保护装置，可避免港口大型机械电缆损坏、拉断和人员伤亡事故，每年可为天津港节约维修成本100多万元，创效1700多万元。

这些成绩的取得得益于“工人先锋号”创建活动，带动了科学严谨的班组管理。孔祥瑞操作队维修班实施“五个工程”和“三必改”管理，努力实现“管”出水平，“理”出成效。

孔祥瑞操作队维修班在人员配置上实行新老结合。除了坚持系统化培训外，还创新开展了各式各样的培训活动。每周班组都要开一次“诸葛亮会”，大家在会上根据遇到的难点问题进行讨论，在解决问题的过程中获得知识，增长才干。例如，“自助餐”式培训就是根据实际问题，每人自选项目，自找项目负责人，进行一对一的培训，汲取他人的知识，充实个人的能力。另外，孔祥瑞操作队维修班还有个流动课堂，每遇到设备故障问题，大家就聚到一起，在干中学、学中干。

从“诸葛亮会”到“自助餐”，孔祥瑞操作队维修班的“三必改”管理，天津港煤码头公司全体员工都耳熟能详。

“我们队的系统设备全部是进口设备，种类多、价值高、技术复杂。由于这套设备引进时间不长，大家以前没有经验，所以刚开始接触的时候，对这套先进设备存在一种依赖的思想，导致了很多重复性故障的发生。”孔祥瑞操作队副队长田保东说，面对这种情况，班组成员针对系统设备的质量问题，提出了“不利于安全的必改”口号，在全班组开展“忧患意识教育”；加大对设备特别是对零部件的日常检查保养的工作力度，发现隐患及时消除，修复结果必须上报；特别强调要通过质量攻关等手段，向先进的系统设备发起挑战，积极开展技术创新。

2005 年夏天，孔祥瑞操作队维修班发现，在块煤的连续作业中，由于转接塔内的耐磨板受到的冲击力很大，导致在每次大块煤作业结束后，各转接塔内大部分的挡板耐磨板都需要进行更换。但是，更换和维修要转到转接塔内，空间狭窄，维修人员又身处高空，非常危险。为此，班组成员开展了一轮 QC 攻关，用“阿道斯”钢板做成网格板，替代原有耐磨板，减少了块煤的冲击力。改造后的耐磨板使用寿命大大提高，实现了“零更换”。

2006 年夏天，取料机和小皮带机多次发生事故，造成局部生产停滞。小皮带机作业工艺是天津港煤码头公司的一项专利技术，但在设计之初，未考虑到与取料机碰撞的可能性。在不能改变这种作业模式的情况下，班组成员运用现有技术，以“创新研制防碰装置”为题开展 QC 攻关。大家运用“头脑风暴法”，提出了不同的方案。经过反复讨论和试验，终于设计制作成了一个“拉线式”防碰保护装置。这个装置仅仅投资几百元，但是杜绝了取料机与小皮带机碰撞的可能性，既保证了生产的顺利进行，也保证了设备的完好。

几年来，班组通过开展 QC 攻关，取得成果 81 项，创效 5000 多万元。通过“三必改”，公司系统设备的运行质量得到了显著提高，杜绝了很多安全隐患，提高了维修效率，为公司的生产提供了有力的保障。

身为操作队队长，孔祥瑞总结出基层车间“九字”管理法，即思想建设追求一个“正”字；恪尽职守，干出一个“样”字；管理理念，注重一个“新”字；明责授权，把握一个“放”字；培养骨干，坚持一个“优”字；落实制度，狠抓一个“严”字；思想工作，重在一个“情”字；关心职工，体现一个“暖”字；队伍建设，突出一个“强”字。具有特色的管理制度和以人为本的管理模式，锻造了一支思想过硬、纪律严明、业务精湛、善打硬仗的钢铁队伍。

像孔瑞祥操作队这样的“工人先锋号”，如同一面面鲜艳的旗帜高高飘扬在天津市各行各业，凝聚和激励着广大职工继承和发扬工人阶级优良传统，发挥主力军和时代先锋作用，在全面建成小康社会、构建和谐社会的伟大实践中不断建新功、立大业。

天津市“工人先锋号”的创建活动，起源于传统的公共服务窗口行业，“手表先生王玉成”、“8 路公交车队”、“津门时传祥环卫服务中心”等，早已是全国著名的先进典型。这些工人先进集体既继承了前辈们敢于挑战、勇攀高峰的精神传统，又展示了新时期工人阶级与时俱进、开拓创新的时代风采。为了进一步扩大“工人先锋号”的影响力，天津市总工会将创建活动由窗口服务行业向生产加工、科研教学、党政机关和社会管理等岗位全方位拓展。

为推进“工人先锋号”创建活动的深入发展探明路径，天津市总工会在内容上着眼于转变经济发展方式、建设创新型国家、加强能源资源节约和生态环境保护等新要求，在运行上建立健全诸如综合评定机制、督察考核机制、激励导向机制等，为创建“工人先锋号”活动提供制度保障。

天津市总工会常委会多次专题研究，提出了

创建活动的实施意见，成立了由天津市总工会主要领导同志挂帅的领导小组和有关部门共同参与的办公室，制定工作目标，明确职责分工，拨出专项经费，确保创建活动顺利开展。各区县、委办局相继成立了党委主要领导同志任组长、行政和工会负责同志为成员的创建活动领导小组和工作机构。

天津市自上而下形成了党委直接领导、行政大力支持、工会实施运作、职工广泛参与的创建活动工作格局。在评选条件上，强调“工人先锋号”必须符合坚持技术创新、坚持管理创新、坚持经营创新、坚持以职工为本的标准，努力使“工人先锋号”真正成为企业发展、行业进步的助推器。

2007 年“五一”国际劳动节前夕，天津市总工会在全市评选命名了 30 多个行业的 47 个“工人先锋号”，产生了广泛的社会影响。天津市庆祝“五一”国际劳动节暨表彰劳动模范、模范集体大会上，对工会组织开展创建“工人先锋号”活动给予了充分肯定，明确提出“要把‘工人先锋号’进一步做大、做实、叫响”的要求。

在评选条件上，天津市总工会强调“工人先锋号”必须符合“四个坚持、四个领先”的标准，即坚持技术创新，科技含量和创新成果达到领先水平；坚持管理创新，科学管理和制度建设达到领先水平；坚持经营创新，经济效益和社会效益达到领先水平；坚持以职工为本，充分发挥全体职工的积极性、创造性，团队和谐处于领先水平。

在具体工作上，天津市总工会做到了三个结合。一是与促进企业发展、树立行业标杆相结合。要求创建活动紧紧围绕天津市加快推进滨海新区开发开放和实现科学发展、和谐发展、率先发展的中心任务，以发展先进生产力、促进社会进步、服务人民群众为根本目的，以企事业单位、基层班组、一线岗位为主体，体现群众性，突出时代性，注重实效性，使“工人先锋号”真正成为企业发展、行业进步的助推器。二是与开展劳动竞赛、推动重点工程建设相结合。滨海新区列入国家发展战略，为天津发展带来了前所未有的历史机遇，国家级的大型、超大型建设项目接踵而至。天津市总工会将竞赛中表现突出的先进集体授予“工人先锋号”，并要求“工人先锋号”在全市重点工程建设中展示出风采，充分发挥先进典型的引领、示范和带动作用。三是与推动自主创新、提高职工队伍整体素质相结合。把提高职工和团队的自主创新能力作为创建“工人先锋号”活动的基础性内容，努力培养知识型、学习型、创新型、实干型职工队伍。

“工人先锋号”是工会组织围绕中心、服务大局，全面落实党的依靠方针，着眼于调动好、保护好、发挥好职工群众的积极性和创造性，着力发挥工人阶级推动经济社会发展主力军作用的重要举措，必须以先锋精神引领职工整体的前进方向，以先锋作为带动职工整体的成长发展。

为此，天津市总工会在社会上大力营造学习“工人先锋号”、争当“工人先锋号”的浓厚氛围，利用主流媒体和工会报刊、活动阵地，大力宣传“工人先锋号”的典型事迹，动员社会各界广泛参与评价、票选、监督“工人先锋号”。天津开发区保税区将“工人先锋号”的事迹制作成大幅宣传画在城区中心主要街道悬挂，让“工人先锋号”在社会上站得住、叫得响、过得硬。各级工会组织了多场事迹报告会，用“工人先锋号”的生动事迹鼓舞职工、教育职工、感召职工。天津市总工会编辑整理“工人先锋号”事迹图册和光盘，并在全市公开征集“工人先锋号”之歌，努力唱响“工人先锋号”的主旋律，进一步提升创建活动的影响力、凝聚力和感召力，把创建活动持续引向深入。

随着创建活动的不断扩大和深入，“工人先锋号”在服务滨海新区开发开放，推动天津科学发展、和谐发展、率先发展中的积极作用日益显现，已经成为广大职工发挥主力军作用、展示时代作为的重要活动载体。

随着创建活动的推进，“工人先锋号”正逐渐成为一张闪亮的工会“名片”。

2007年“五一”前夕，孔祥瑞操作队被天津市总工会命名为“工人先锋号”，时任中华全国总工会党组书记、副主席、书记处第一书记孙春兰来到天津就创建“工人先锋号”活动情况进行专题调研，在天津港煤码头公司，为孔祥瑞操作队颁发“工人先锋号”牌匾。

设立全国“工人先锋号”的台前幕后

在许多省市开展创建“工人先锋号”活动如火如荼的时候，创建活动得到了全国总工会的高度重视。

为了在全国各行各业大力开展创建“工人先锋号”活动，作为工会组织参与国家经济建设的主要职能部门，全国总工会经济技术部开始起草《关于深入开展创建“工人先锋号”活动的实施意见》（以下简称《实施意见》）。

2006年12月，全国总工会第十四届执行委员会第四次全体会议提出，“总结推广各地开展的‘工人先锋号’等建功立业活动的经验，逐步形成全国统一、长期坚持、职工认可、影响广泛的劳动竞赛活动品牌”。2007年3月，时任中共中央政治局委员、全国人大常委会副委员长、中华全国总工会主席王兆国在全国总工会第十四届执行委员会主席团第十三次全体（扩大）会议上作出关于大力开展“工人先锋号”活动的指示，并题写了全国“工人先锋号”奖牌。

2007 年 6 月上旬，全国总工会的有关人员来到天津市，就创建“工人先锋号”活动进行了专题调研，进一步明确开展创建“工人先锋号”活动的重要意义、指导思想、总体要求、基本条件、形式方法和措施步骤。

全国总工会经济技术部还先后对北京、天津、江苏、河北、辽宁、福建等地开展创建“工人先锋号”活动情况进行了调研。结果显示，多年来一些地方创建“工人先锋号”活动，主要在窗口服务行业开展，就全国范围而言，无论是声势、影响，还是所起到的作用都远远不够，在授予对象、名称等方面也不一致，不利于扩大“工人先锋号”活动的品牌。要使这项活动成为“全国统一、长期坚持、职工认可、影响广泛”的工会工作品牌，需要制定一个指导意见，以形成全会上下齐心协力共同推进的局面。

全国总工会经济技术部根据领导指示精神和具体要求，起草了《实施意见》的初稿，将其下发到各省（区、市）总工会、全国产业工会征求意见，并召开有 10 个全国产业工会负责人参加的座谈会。在充分吸收各省（区、市）总工会和全国产业工会意见的基础上，最终正式形成了《实施意见》。

《实施意见》分为开展创建“工人先锋号”活动的重要意义、指导思想和总体要求、授予对象和基本条件、授予原则和管理方法以及切实加强对创建活动领导五个部分。

重要意义是：当时，各级工会紧密结合本地区、本行业实际，围绕促进经济社会发展，开展创建“工人先锋号”活动，有效调动了广大职工的积极性、主动性和创造性，取得了很好的效果，在社会上产生了良好反响。实践证明，开展创建“工人先锋号”活动，有利于激发职工热爱本职、钻研技术、创新管理、提高效益的工作热情和创造活力，不断发展工人阶级的先进性；有利于发挥我国工人阶级在国家经济社会发展中的主力军作用，推动全心全意依靠工人阶级指导方针的贯彻落实；有利于促进和谐劳动关系、和谐企业、和谐社会建设，实现共建共享，推动经济社会又好又快发展；有利于扩大工会组织的影响力、吸引力和感召力，充分发挥工会在组织、引导、服务职工和维护职工权益等方面的作用。

指导思想是：坚持和发展中国特色社会主义，全面贯彻落实构建社会主义和谐社会等一系列重大战略决策，按照全国总工会第十四届执行委员会第四次全体会议和全国总工会第十四届执行委员会主席团第十三次全体（扩大）会议精神，紧紧围绕实现经济社会又好又快发展目标，广泛开展多种形式学赶先进和争先创优活动，最大限度地激发职工的劳动热情和创造活力，为推动科学发展、促进社会和谐、夺取全面建设小康社会新胜利做出更大贡献。

总体要求是：以用马克思主义中国化的最新成果武装职工、用中国特色社会主义共同理想凝聚职工、用民族精神和时代精神激励职工，依靠主力军、建设主力军、发展主力军为主要手段；以发展先进生产力、促进社会进步、服务人民群众，创一流素质、一流工作、一流服务、一流业绩、一流团队为基本内容；以达到全国优秀、行业领先水平，充分显现示范、引领、带动和激励作用为根本目的，使“工人先锋号”成为全国统一、长期坚持、职工认可、影响广泛的工会工作品牌。

授予对象是：各行各业各类企事业单位中为推动经济社会发展做出了突出贡献，并具有时代性、先进性和示范性的一线工段、班组（岗位）。

基本条件是：注重加强业务素质建设一流工作，一流服务，一流业绩，和谐共进的团队精神。

授予原则是：自下而上、逐级推荐，全国总工会每年授予一次全国“工人先锋号”，全国“工人先锋号”从省（区、市）或全国行业“工人先锋号”中产生。

管理方法是：实行动态管理和挂牌制度，接受公众监督，全国总工会、省（区、市）总工会和全国产业工会将定期或不定期进行考核检查，不符合条件的限期整改，整改达不到要求的取消称号。

随后，全国总工会把创建“工人先锋号”活动作为全会开展的重大活动，从窗口服务行业向全国各行各业全面扩展，迅速在全国掀起创建活动高潮。具体通过以下路径：

一是 2007 年 8 月 30 日，在党的十七大召开前夕，召开电视电话会议，下发《关于深入开展创建“工人先锋号”活动的实施意见》，部署创建“工人先锋号”活动。

二是2008年1月中旬，下发关于推荐全国“工人先锋号”的通知。

三是组织新闻记者对获得全国“工人先锋号”集体进行跟踪报道，在媒体上广泛宣传。

四是深入基层调查研究，及时发现典型，认真总结和及时推广经验，积极探索活动规律，针对不同地区、不同行业特点，加强工作指导，把创建活动不断引向深入。

全国“工人先锋号”创建元年

2007年8月30日，全国总工会在北京召开电视电话会议，部署创建“工人先锋号”活动，下发了《关于深入开展创建“工人先锋号”活动的实施意见》，进一步明确和规范了“工人先锋号”的授予和管理，并要求在全国职工中迅速掀起创建“工人先锋号”活动的高潮，努力使

“工人先锋号”成为得到社会普遍认可的品牌。由此开始，全国范围深入开展创建“工人先锋号”活动正式启动。

在电视电话会议上，时任中华全国总工会党组书记、副主席、书记处第一书记孙春兰强调，开展创建“工人先锋号”活动并赋予其新的内涵，是对工人阶级精神面貌和时代风尚的生动展现。要扎实推进创建“工人先锋号”活动，围绕一流工作、一流服务、一流业绩、一流团队的目标来开展创建。会上，天津市总工会、江苏省江阴市总工会、北京公交集团公司工会等单位还介绍了他们开展创建“工人先锋号”活动的做法和经验。会议下发的《关于深入开展创建“工人先锋号”活动的实施意见》，提出了创建活动的指导思想和总体要求，对“工人先锋号”的授予对象、基本条件、推荐程序、授予方式、组织领导等做出明确规定。

会议要求，要紧紧围绕实现国民经济又好又快的发展目标，充分发挥“工人先锋号”的示范、引领、带动和激励作用，进一步增强职工主人翁责任感，最大限度地激发职工的劳动热情和创造活力，扎实推进“当好主力军、建功‘十一五’、和谐奔小康”竞赛活动，团结动员广大职工为推动科学发展、促进社会和谐、夺取全面建设小康社会新胜利做出更大贡献。要以依靠主力军、建设主力军、发展主力军为目标，以发展先进生产力、促进社会进步、服务人民群众为重点，以创一流工作、一流服务、一流业绩、一流团队为内容，以发挥榜样激励作用、争创先进团队为途径，使“工人先锋号”成为引领职工发扬工人阶级优良传统，发挥工人阶级主力军作用，推动社会主义和谐社会建设的旗帜；成为引导职工立足本职、爱岗敬业，刻苦学习、忘我工作，不断进取、甘于奉献的载体；成为全国统一、长期坚持、职工认可、影响广泛的劳动竞赛活动品牌。

会议强调，要围绕一流工作、一流服务、一流业绩、一流团队的目标来开展创建活动。职工群众中蕴藏着争创一流的巨大热情和无穷智慧，充分激发他们的潜能和活力，促进各项工作上水平、创一流，是发挥工人阶级主力军作用的必然要求，也是创建“工人先锋号”活动的鲜明特点。要注重创建过程，充分认识创“四个一流”是一个艰苦的过程，积极组织动员广大职工发扬工人阶级敢于挑战、勇攀高峰的精神，不断向更高更优更好的目标迈进，创造更多的地区、行业、国家乃至国际领先水平。要引导广大职工转变观念、学习技能、提高素质，增强革新意识，积极参加职业培训、岗位练兵和业务竞赛，争当学习型、知识型、技能型、专家型职工，开展技术攻关、发明创造，推动企业更好地成为自主创新的主体，为建设创新型国家贡献聪明才智。

会议提出，要从不同行业的实际出发确定活动重点。创建活动要形成更大的影响，取得更大的成效，就必须从服务业向各行各业拓展，并从不同行业、地区和企业的实际出发，根据不同需要突出活动重点。生产建设行业要以增强企业自主创新能力和促进节能减排为重点，广泛开展职工技术创新活动和职工节能减排行动，推动创新型企业建设，提高企业节能减排能力，促进经济发展方式的根本转变。服务行业要以推动服务创新、提升服务艺术和质量为重点，大力开展优质服务竞赛活动，提升服务水平，推动服务业发展。教育、科技、文化、卫生等行业要根据职业特点，开展有特色的竞赛活动，使广大职工更好地发挥智力优势，积极投身社会事业建设，大力促进社会事业发展。

会议明确，要充分发挥典型的示范引领作用。开展创建“工人先锋号”活动，不仅要培育出一大批“工人先锋号”集体，更重要的是充分发挥“工人先锋号”的示范、引领、带动和激励作用，进一步增强职工主人翁责任感和光荣感，推动国家经济社会发展。要坚持高标准、高质量，通过完善考核机制、严格审核把关、听取公众意见，使“工人先锋号”真正成为职工和社会公认的先锋集体。要通过选树和宣传先进典型，为职工树立学习榜样，用他们的优秀思想和先进事迹影响、引领和带动职工广泛开展“比学赶帮超”活动，形成不甘落后、争创一流，你追我赶、勇于超越的竞赛氛围，进一步营造劳动光荣、知识崇高、人才宝贵、创造伟大的良好社会风尚。

时任中共中央政治局委员、全国人大常委会副委员长、中华全国总工会主席王兆国高度重视创建“工人先锋号”活动，多次作出重要指示，要求大力开展“工人先锋号”等活动，组织广大职工以更加踊跃的态度、更加持久的热情参与其中，创建更多的“工人先锋号”，在推动科学发展中发挥更大的作用。

全国总工会召开部署创建“工人先锋号”活动电视电话会议后，全国各级工会认真贯彻落实会议精神，采取有力措施积极推进创建活动，呈现出由点到面普遍开展的良好发展态势，迅速形成热潮。

各级工会把传达、学习和贯彻全国总工会电视电话会议精神作为工会工作的一件大事来抓，通过召开学习交流会、汇报会等形式，认真传达学习，坚持用会议精神统一思想认识。天津、河北、内蒙古、辽宁、吉林、黑龙江、上海、江苏、浙江、山东、河南、湖北、湖南、广东等22个省（区、市）总工会召开电视电话会议，对创建活动提出了明确要求。为了指导创建活动的开展，大多数省（区、市）总工会和产业工会下发了关于本地区、本产业创建“工人先锋号”活动的实施意见或转发了《中华全国总工会关于深入开展创建“工人先锋号”活动的实施意见》。各地、市总工会也对创建活动进行了动员和部署。

为了使创建活动落到实处，许多省市要求层层制定具体实施方案和措施，力求把工作做实、做细，推动创建活动全方位、深层次地开展。辽宁省总工会要求各市、区、县总工会和产业工会，在2007年9月底以前制定出本地区、本行业的实施细则；河北省总工会按照全国总工会的要求，迅速将创建活动从窗口服务行业扩展到各行各业。各地认真做好表彰命名“工人先锋号”的各项准备工作，开展命名活动，以迅速掀起创建“工人先锋号”活动的高潮。

各级工会紧紧围绕创一流工作、一流服务、一流业绩、一流团队，认真谋划，严格要求，确保创建活动取得实效。一是通过创建活动，推动本地重点工作的落实。上海市总工会提出要通过创建活动，推动世博会重点工程建设和先进制造业、现代服务业的发展；四川省总工会提出创建活动要突出“坚持科学发展，构建和谐四川”的发展主题；辽宁省总工会提出创建活动要体现振兴辽宁的要求。

二是按照“四个一流”的要求，规定了严格

的创建标准。各级工会都明确要求，“工人先锋号”必须是在创“四个一流”中成效突出，能起到引领示范作用的先进集体。在评选程序上，规定“工人先锋号”的评选必须经过推荐、评审、公示等环节，确保“工人先锋号”真正成为“四个一流”的代表，成为职工和社会公认的先进集体。

三是把创建活动与正在开展的各种竞赛活动和评先创优活动有机结合起来，引导、动员职工立足本职岗位，提高技能水平，打造和谐团队，争创一流业绩。31个省（区、市）总工会都明确提出，此后评选省级五一劳动奖状（班组），原则上从省级“工人先锋号”中产生。

四是积极推进劳动关系和谐企业建设。各地都明确提出，要一手抓劳动关系和谐企业建设，为创建“工人先锋号”活动营造和谐氛围；一手抓“工人先锋号”创建，为建设劳动关系和谐企业抓基层、打基础，使两项活动紧密结合，相互推进。

短短几个月，在各级工会的努力下，创建“工人先锋号”活动取得积极进展：

江阴市总工会在对工会系统开展的争先创优活动进行整合后，使创建“工人先锋号”活动与“争当文明职工”活动、群众性建功立业竞赛活动和加强班组建设相结合，从而进一步丰富了创建“工人先锋号”活动的内容。

天津市总工会在评选条件上强调“工人先锋号”必须符合坚持技术创新、坚持管理创新、坚持经营创新、坚持以职工为本的标准，努力使“工人先锋号”真正成为企业发展、行业进步的助推器。

四川省总工会则提出，将定期或不定期对“工人先锋号”授予单位进行考核检查，一旦发现不符合条件的现象，将责令其限期整改，整改达不到要求的将取消称号，收回牌匾。

……

2008 年 1 月 4 日，全国总工会办公厅下发了《关于推荐评选全国五一劳动奖状奖章、全国“工人先锋号”的通知》，对推荐评选全国“工人先锋号”作了明确规定：

全国“工人先锋号”授予企事业单位中的车间、工段、班组。申报全国“工人先锋号”的先进集体须获得省级或全国行业“工人先锋号”称号，并符合《中华全国总工会关于深入开展创建“工人先锋号”活动的实施意见》中所规定的条件。

推荐授予全国“五一劳动奖状”的班组，须在全国“工人先锋号”班组中产生，其数量不得低于申报全国“五一劳动奖状”总数的 50%。班组是指企事业中最基本的生产管理单位。

在推荐的全国“工人先锋号”集体中，班组数量不得低于总数的 70%。

推荐的全国“工人先锋号”必须自下而上产生，群众公认，要在有关媒体上公示。

2008 年 4 月 29 日，全国总工会下发了《关于命名全国“工人先锋号”的决定》，命名了首批全国“工人先锋号”。全国总工会决定，命名北京燕山石化公司聚丙烯事业部第一生产部聚合造粒四班等 1055 个集体为全国“工人先锋号”。随着创建活动的推进，“工人先锋号”正逐渐成为一张闪亮的工会“名片”。

创建“工人先锋号”活动舞台广阔，大有可为。各级工会组织使命神圣，重任在肩！

第四章

创　新

2008年“五一”国际劳动节前夕，全国总工会命名表彰了首批1055个全国“工人先锋号”先进集体。不到半个月后的5月12日，发生了震惊中外的汶川特大地震。

面对严重的自然灾害，全国各级工会组织和广大职工认真贯彻党中央、国务院的决策部署，团结一心、众志成城，迎难而上、顽强奋战，在抢救人民生命、抢修基础设施、转移安置群众、开展卫生防疫、进行安抚帮扶、恢复灾区生产等方面发挥了工人阶级主力军作用，涌现出一大批感人至深、可歌可泣的先进事迹和先进集体，为抗震救灾工作做出了重要贡献。

为表彰先进，大力弘扬伟大的抗震救灾精神，进一步激励广大职工积极投身抗震救灾恢复生产、重建家园工作，全国总工会决定命名北京大学医学部抗震救灾医疗队等1199个先进集体为“抗震救灾重建家园‘工人先锋号’”，由此开全国“工人先锋号”即时表彰的先河。

从此，全国总工会对国家的重大突发事件中的一些具有时代性、先进性和示范性的车间、工段、班组授予全国“工人先锋号”，对国家重点工程开展全国示范性劳动竞赛过程中表现突出的车间、工段、班组授予全国“工人先锋号”。2013 年 12 月 24 日，时任全国总工会副主席、书记处第一书记陈豪在全国总工会第十六届执行委员会第二次全体会议上的工作报告中强调，围绕推动科学发展、加快转变经济发展方式和重大工程建设、重点区域发展开展劳动竞赛。

自 2008 年首次即时表彰至 2016 年，共即时表彰了 108 批 2739 个全国“工人先锋号”，比较具有代表性的有“十二五”期间全国示范性劳动竞赛——“上海浦东新区”建设劳动竞赛、港珠澳大桥建设劳动竞赛。

汶川地震灾区飘起新旗帜

2008 年 5 月 12 日，四川省汶川县发生里氏 8 级特大地震，最大烈度达 11 度。这是新中国成立以来破坏性最强、波及范围最广、救灾难度最大的一次地震，造成69227名同胞遇难、17923名同胞失踪，直接经济损失8451多亿元。

2008年6月5日，以“抗震救灾做贡献、重建家园立新功”为主题的“工人先锋号”创建活动正式启动。这是全国总工会为激励广大职工夺取抗震救灾全面胜利而推出的一项力举。

全国总工会经济技术部表示，灾后重建是一项长期复杂的工作，需要广大职工继续发扬前一段抗震救灾的精神和作风，在恢复生产、重建家园中切实发挥工人主力军作用。

创建活动启动后，全国各级工会组织和广大职工在抢险救灾、医疗救助、卫生防疫、基础设施抢修、受灾群众安置、生产自救、重建家园等方面展开了积极行动。

在四川省汶川县，有一支被誉为“铁军”的供水抢险队伍，身着迷彩服，头戴标有“沈阳供水”字样的头盔。他们就是辽宁省沈阳市自来水总公司抗震抢险突击队，总共24人。

沈阳市自来水总公司副总经理、抗震抢险突击队队长张亚锋说，5月24日，公司举行仪式为突击队壮行。沈阳市总工会还命名突击队为“五一先锋号抢险突击队”，并为他们授予“五一先锋号”红旗。有了这面旗帜，突击队更感到肩上的责任重大，因为他们不仅代表沈阳市自来水公司，还代表着沈阳市的职工。

经过3天3夜长途奔波，突击队26日晚赶到离汶川县120多公里的大邑县，但从大邑通往汶川的路还没有修通。鉴于大邑县的供水管网受损严重，中国水协安排沈阳自来水总公司抗震抢险突击队先在大邑开展供水抢险工作。突击队二话没说，第二天就投入紧张的管网测漏工作。大邑县水务局发给沈阳市自来水公司的感谢信中写道：突击队员们每天工作到深夜，连续3天共巡查管线33.8公里，检查阀门200多个，查出明漏7处，暗漏11处。

5月22日上午，在芦山县总工会抗震救灾指挥部前，来自芦山县中天地林产有限公司的李树强接过了“工人先锋号”的旗帜。当天，有13个企业被授予了“工人先锋号”称号。

在授予“工人先锋号”的同时，四川工会抗震救灾服务队正式成立。李树强立即带领6名队员，自带清洁工具来到了地震安置点——芦山中学，打扫安置点的卫生，帮助安置点发放救灾物资、搭建救灾帐篷、搬运伤员以及维护社会治安秩序。当天，活跃在灾区的工会服务队共有27支，有服务队员数百人。

“工会服务队不仅是抗震救灾的一支骨干力量，更是受灾企业生产自救的生力军。一是通过工会服务队的成立，有效将企业职工组织起来，在抗震救灾中发挥主力军作用，帮助抢险、救援和职工安置；二是统筹参与全灾区的救援抢险行动，充分发挥工会组织在稳定职工情绪、心理疏导方面的作用；三是迅速帮助企业实现生产自救。”四川省总工会指出，已成立的27支工会服务队200多名队员全部来自地震灾区芦山县的各大企业，大多是企业的生产骨干和专业技术人员。工会服务队率先在芦山地震灾区成立，随后逐渐扩大到四川省的各大企业集团和公司，涵盖各行各业和企业的各类工种。工会服务队活动由省、市总工会统一协调，各企业（公司）工会服务队由企业（公司）工会直接领导。

“加班加点虽然比较累，但是为了给灾区生

产急需的药品，我们觉得值!”福州市“工人先锋号”、福建省海王福药制药有限公司车间主任陈才河说。

汶川地震发生后，海王福药制药有限公司第一时间组织职工捐款和生产。为了保证在最短的时间内生产出救灾药品，企业推掉其他生产订单，临时调整了生产计划，打破常规，增加人力，把救灾药品生产作为企业工作的重中之重。很快，价值43万元的1300件急需药品免费支援地震灾区，第二批药品送往卫生部门抽检。

与海王福药制药有限公司一样，福建的“工人先锋号”企业纷纷行动起来，开展各种抗灾援助行动，把福建职工对地震灾区人民的深情厚谊落实到各项具体帮扶工作中去，为地震灾区职工送温暖、解危难、献爱心。

5月14日下午，在福州市总工会举行的“华夏职工一家人”为汶川震灾职工捐款仪式上，福州市“工人先锋号”代表们发挥表率作用，慷慨解囊，踊跃捐献。在福州市“工人先锋号”的带动下，当天就捐款270多万元。全国“工人先锋号”——福州华映光电股份有限公司电子枪厂与员工捐款达到20万元，在该厂务工的有20多位四川籍农民工家里遭了灾，企业和工会及时了解他们的困难和灾后思想动态，并做好慰问工作，免费开通电话，让受灾农民工与家人联系，为回家的农民工买好车票并给予带薪假期。

汶川发生大地震以后，河北唐山13支抢险队、医疗救助和卫生防疫小分队被派往灾区，37家企业为灾区组织生产帐篷、活动板房等急需物资。在这些企业里，唐山市总工会及时开展建功立业劳动竞赛活动，并对贡献突出的企业特别授予了“工人先锋号”称号。

“工人先锋号”——开滦医疗救护小分队的队员张蕴霞的女儿正读初三，面临中考，但她还是毅然决然带头投入抗震救灾第一线。不管工作多忙，时间多晚，她都坚持每天向有关领导报告抢救伤员的情况。

“工人先锋号”——唐山轨道客车有限公司内饰件厂的职工加班加点，为地震灾区生产钢结构活动板房，油漆女工董丽娟、孙玉霞每天都工作到深夜两点。

汶川发生大地震后，内蒙古自治区将支援灾

区抗震救灾作为首要任务和头等大事，从5月14日到6月2日，呼和浩特、包头、乌海、巴彦淖尔、乌兰察布5个城市和区直的医疗、防疫、移动、网通、铁路、国航等40多个单位的上千名抗震救灾队员先后组成7支工作队奔赴灾区，参加救援工作。

5月13日凌晨，距汶川大地震发生还不到8个小时，一支特别的车队在甘肃成县蜿蜒曲折的山路上疾驰，这就是来自甘肃天水供电公司急赴陇南抢修电网的队伍。

地震使甘肃省陇南市交通受阻，电网损毁尤其严重，武都、文县及碧口镇全部停电。在得知陇南电网的灾情后，天水供电公司主动向甘肃省电力公司请缨，要求支援陇南电网。5月12日下午，天水供电公司总经理张玉宏带着23名抢险队员出发了。此时，余震不断，沿路的山坡上不时有碎石滚下，抢险队沿着这条魔鬼之路，在13日晚18时赶到了受灾最为严重的陇南市文县，顾不上休息便投入110千伏变电站的抢修之中。19时，母线充电成功；22时10分，主变带电成功。14日15时，断电两天两夜的文县迎来了光明。“现在还不能休息，碧口镇还需要我们！”抢险队又马不停蹄地赶赴文县的碧口镇。

碧口镇毗邻四川，是甘肃省的南大门，也是地震受灾最为严重的地区之一，大唐碧口水电厂的电力外送变电站遭到毁灭性破坏。5月14日一大早，天水供电公司增援的46名抢修队员就奔赴110千伏何家湾变电站。检查线路，制定方案，抢修处理。18时，1号主变充电成功；18时50分，10千伏Ⅰ段母线充电成功；19时15分，当地政府机关、通信、医院、油站、主要街道的供电得到恢复，地震受灾后的碧口镇又见到了光明。此时，距离汶川大地震仅两天。

5月15日，国家电网公司、西北电网有限公司、甘肃省电力公司在碧口镇召开救灾抢险协调会，要求天水供电公司负责武都电网的抢修工作。当天下午，天水供电公司麦积区电力局和甘谷县电力局集结的第3批130名抢险队员出发，赶往陇南市武都灾区支援，负责抢修陇南市受灾最严重、地形最复杂、地质条件最差的线路。麦积区电力局局长王世家和抢险队员在山里巡视线路时，被眼前的惨烈景象惊呆了：地震后，山头都像馒头被剖开了一样，地面裂缝最宽的有1米，滚石遍地。“拆除毁坏线路非常危险，修复的难度比新建一条线路还大！”王世家说。队员们扛着重达50公斤的导线、绝缘子等材料和工具，在山间废墟跋涉。他们冒着生命危险，在短短6天的时间里，完成了6项艰巨的抢修任务，佛崖等6个乡镇1万多户群众的用电得到了保障。5月19日，他们又修好了安华线，4个乡镇5000多户群众迎来了光明。

5月18日，天水供电公司又一批180余人的抢险队伍赶到文县临江镇，修复舍书乡大山上的10千伏临舍线和10千伏大外线。在陡峭的山坡上，队员们一步一步把重达1吨多的电杆运上山。许多人的手和脚都磨起了血泡，肩上勒出了血印。一位70多岁的老人热泪盈眶地拉着突击队队长熊向阳的手说：“我们遭了灾，党就派你们来救灾！有你们在，我们什么都不怕！”

在武都电网抢修中，天水供电公司共恢复台变2210台，恢复率达到100%。他们无愧于“抗震救灾工人先锋号”的荣誉称号！

可歌可泣的故事在地震灾区不断上演，涌现

出一大批感人至深的先进事迹和先进集体，为抗震救灾工作做出了重要贡献。为表彰先进，大力弘扬伟大的抗震救灾精神，进一步激励广大职工积极投身抗震救灾恢复生产、重建家园工作，全国总工会决定命名北京大学医学部抗震救灾医疗队等 1199 个先进集体为“抗震救灾重建家园‘工人先锋号’”。全国总工会号召全国广大职工，以这些先进集体为榜样，积极参加以“抗震救灾做贡献、重建家园立新功”为主题的“工人先锋号”创建活动，继续发扬工人阶级不畏艰难、百折不挠的英雄气概和特别能吃苦、特别能战斗、特别能奉献的光荣传统，坚定信心、团结奋斗，立足本职、扎实工作，为恢复生产、重建家园，夺取抗震救灾的全面胜利做出新的更大的贡献。

浦东新区竞赛争当改革先锋

上海浦东新区位于黄浦江以东、长江口西南，面积约 523 平方公里，与外滩隔江相望，具有很好的地理优势和良好的开发条件。1990 年 4 月，党中央、国务院从我国经济社会发展全局出发，做出了开发开放上海浦东新区的战略决策。为充分发挥劳动竞赛对促进区域发展的推动作用，2010 年 6 月，全国总工会将“上海浦东新区”建设劳动竞赛作为全国示范性劳动竞赛。

上海浦东新区总工会成立了由上海市总工会主席和浦东新区区长担任名誉主任，浦东新区区委分管副书记和上海市总工会分管副主席担任主任，26 个委办局、开发区管委会、国有企业为成员单位的“上海浦东新区”建设全国示范性劳动竞赛组委会，并根据浦东新区“7+1”生产力布局，相继建立了 9 个分赛区（金融贸易、航运物流、城市建设、城市管理、商旅服务、科技创新、世博后续发展、临港发展、国际旅游），构建了“1+9+42+N”（1 个全国示范性分赛区、9 个浦东分赛区、42 个街镇和开发区赛区及 N 个基层竞赛单位）的竞赛组织体系。42 个街镇和开发区及时成立了竞赛领导班子，督促一线参赛单位建立相应的竞赛领导小组。通过构建四级组织机构，全区较好地形成了“党政领导挂帅、部门支持配合、工会牵头推进、职工广泛参与”的竞赛格局。

“上海浦东新区”建设全国示范性劳动竞赛围绕上海创新驱动、转型发展的主线，精心设计竞赛方案，提出了“一个主题、三个聚焦、五个结合、六大行动”总体要求，即以“创新驱动建功十二五、转型发展建设新浦东”为竞赛主题；聚焦金融中心、航运中心、自贸区、科创中心建设，聚焦科技创新示范带动，聚焦民生服务保障；坚持劳动竞赛与践行中国特色社会主义工会发展道路相结合、与弘扬工人阶级伟大品格和劳模精神相结合、与增强企业自主创新能力和核心竞争力相结合、与深化职工素质工程和发挥工会“大学校”作用相结合、与增强基层工会活力和发挥基层组织作用相结合；广泛深入开展岗位建功行动、职工创新行动、技能登高行动、节能减排行动、劳动保护行动和团队创先行动，动员全区职工为经济社会发展建功立业。

通过健全组织架构，促进上下联动、条块联手，推动跨体制、跨区域、跨行业劳动竞赛，形成了同城效应、同区效应、同行效应，实现了参赛单位从企业向机关事业单位、从体制内向体制外单位拓展，参赛对象从本地职工向外来农民工和外籍员工拓展，竞赛内容从经济发展向城市建设、城市管理、社会民生、生态文明等方面拓展。例如，金融贸易赛区举行的“银行柜员‘三级职业技能’竞赛”等活动，覆盖了上海市近百家金融单位。“上海浦东新区”建设全国示范性劳动竞赛组委会还采取召开竞赛方案发布会、定期组织分赛区协作交流、开展阶段检查分析评比、做好以简报为主要形式的动态信息传递等手段，形成了整个赛区信息共享、难点共商、经验共创的效应，推动了竞赛从传统的比速度、比质量、比技能向推动制度创新、优化投资环境、促进政府职能转变拓展。

2011—2015 年的五年中，“上海浦东新区”建设全国示范性劳动竞赛组委会共召开竞赛方案发布会 5 次、年度竞赛总结部署会 5 次、年中竞赛推进会 12 次，编发竞赛案例 100 个、竞赛简报 76 期，发布竞赛信息 266 条，深入调研指导参赛单位 184 家。

在劳动竞赛过程中，组委会坚持“一行一区

一特色、一镇一街一品牌”，分赛区、参赛单位结合区域特色、行业特点，设计竞赛载体和竞赛内容，通过开展竞赛品牌项目活动，扩大竞赛影响，增强竞赛氛围，形成了开展一个项目、带动一个区域、激活一个行业的辐射效应。

五年中，浦东新区共开展劳动竞赛特色品牌活动 75 次，覆盖职工 5.8 万人次，培育了“金桥杯”浦东职工技能大赛、“张江杯”上海职工计算机程序设计和动画绘制大赛、“张江杯”浦东职工“创新达人”大赛、“陆家嘴杯”金融知识大赛、“潍坊杯”浦东职工餐饮技能大赛等竞赛品牌。据不完全统计，五年中，浦东新区共投入 400 多万元，用于竞赛品牌的培育和相关活动的开展。

劳动竞赛采取定点组织与送教上门等方式，开展职业技能、学历教育等方面培训。五年中，创建职工科技创新基地 30 家，培训职工 17312 人次，培育创新人才或技术骨干 2171 人。以劳模创新工作室为载体，先后培育并指导了由 65 名不同行业劳模领衔、528 名团队成员参加的 60 家劳模创新工作室。浦东新区劳模创新工作室共结成高师带徒 264 对，培养创新人才或业务骨干 457 人，完成创新成果 109 项，产生经济效益约 1.91 亿元。坚持开展“科技创新五项评比”活动，总结创新成果，培养创新人才，挖掘创新潜力。围绕加强并发挥平台作用，浦东新区总工会每年投入 400 万元用于全区职工科技创新评比奖励和职工科技创新基地建设、30 万元用于职工技能晋升奖励、30 万元用于保障劳模创新工作室的培训攻关等。

浦东新区总工会还坚持把劳动竞赛作为评先推优的一条“硬杠杠”，即没有开展劳动竞赛或参加劳动竞赛的单位、个人不得作为评先推优的候选对象，劳动竞赛开展好或劳动竞赛有成果的单位、个人列入评先推优的优先对象，并先后制定出台了《浦东新区劳模创新工作室管理办法》、《浦东新区职工科技创新评比实施办法》、《浦东新区职工科技创新基地管理办法》等文件。同时积极协调政府相关部门，把劳动竞赛中培训比武等经费纳入职工教育附加费统筹部分进行解决，为全区参赛单位开展竞赛活动增强了保障力度。

与此同时，浦东新区总工会坚持见人见物见

精神，运用专栏连载、综合报道、专题节目等形式，采取传统媒体与新媒体相结合的方式，全面立体宣传劳动竞赛涌现出来的先进集体和个人。他们连续五年在《浦东时报》开辟每周一期的“劳动竞赛点将台”专栏发表劳动竞赛先进个人事迹，坚持每年“五一”国际劳动节期间在《劳动报》推出劳动竞赛系列报道，与浦东电视台《沟通》栏目合作，进行劳动竞赛专题访谈，在人民网、东方网开办了工会专栏及时报道劳动竞赛最新动态。

“上海浦东新区”建设全国示范性劳动竞赛第三方评估的新手段，则突出“三满意”“四率”“五有”等评估指标，在认真制定浦东新区劳动竞赛评估方案的基础上，推动了劳动竞赛评估变“内部评”为“外部评”，“数量评”为“质量评”，“评时评”为“平时评”，增强了劳动竞赛评估的公正性、科学性、连续性。

五年中，在技能提升方面，浦东新区共有60314名职工参加了中高级及以上职业技能培训，合格率达65.3%；组织专项比武竞赛286个(项)，有27167人取得了职业资格证书，其中

726人晋升为高级工。在价值体现方面，有5名职工被评为全国劳模，65名职工被评为上海市劳模，25名职工被授予全国五一劳动奖章，115名职工被授予上海市五一劳动奖章，597名职工被评为浦东新区先进工作者。

五年中，劳动竞赛为浦东新区企业提高生产效益贡献了1350个先进操作法、1135条合理化建议，为全区企业提高生产技术贡献了2195项科技创新成果，为全区企业安全生产提供了20余万人次安全生产培训、培育了6.5万个安全生产班组、事故率降低7.6%，为企业构建和谐劳动关系培育了1615个先进职工之家、991个文明班组、483个文明岗位、1.8万名文明职工，签订了6万余份集体合同，化解了近500起群体性劳资纠纷。

根据浦东新区统计局的统计，从2011年到2015年全区生产总值从5484.35亿元增至7898.35亿元，全社会固定投资总额从1435.39亿元增至1772.94亿元，专利授权数从12685项增至13299项，金融机构数从692个增至900个。五年中全区经济社会取得的发展进步，离不开广大职工的主力军作用，也离不开劳动竞赛的促进作用。

“十二五”期间，浦东新区共开展2500余场次培训比武竞赛活动，吸引职工479.7万人次，覆盖机关企事业单位3.75万家，规模以上企业工会覆盖面达96.6%，职工参与率达93.7%。全国总工会分5批次，一共授予了伟创力（上海）金属件有限公司柔性制造部等50个车间、工段、班组全国“工人先锋号”荣誉称号，进一步增强了浦东新区广大职工的主人翁责任感，极大地激发了职工的劳动热情，有力地推动了浦东新区的建设和发展。

港珠澳大桥建设立丰碑

2009年12月，世界最长的跨海大桥——港珠澳大桥正式开工。

港珠澳大桥跨越伶仃洋，东接香港特别行政区，西接广东省珠海市和澳门特别行政区，是在“一国两制”框架下、粤港澳三地首次合作建设的超大型跨海交通工程。

整个项目包括海中桥隧主体工程、香港接线及香港口岸、珠海、澳门接线和珠海澳门口岸，总长约 55 公里（其中珠澳口岸到香港口岸约 41.6 公里），总投资约 1047 亿元。其中，主体工程项目建设工期 75 个月，全长约 29.6 公里，采用桥隧组合，穿越伶仃西航道和铜鼓航道段约 6.7 公里采用隧道，其余路段约 22.9 公里采用桥梁。

建设港珠澳大桥，有三大困难横亘在建设者面前：

一是建设条件复杂。涉及台风、航道、水文、工程地质、航空限高、防洪等多方面要求；工程内容复杂，囊括跨海桥梁、海底隧道、离岸人工岛填筑等多个领域；标准体系复杂，要综合考虑内地、香港、澳门三地标准体系的融合。

二是协调难度大。主体工程由粤港澳三地共建共管，需协调主体部分的管理规则、通行费收费标准、车辆通行政策、口岸接驳巴士及应急救援安排等与粤港澳三地公共管理相关的事项。涉及粤港澳三地政府的合作，以及与相关政府部门的配合（航道、海事、水利、环保、口岸等），协调工作量大。

三是环保要求高。项目跨越珠江口中华白海豚国家级自然保护区、珠江口幼鱼/幼虾保护区，对海洋生态和渔业资源的影响需高度重视，建设中需综合多种环境保护措施，以降低影响。

港珠澳大桥工程参建单位超过100家，是一场名副其实的“百团大战”。2011年4月，全国总工会将港珠澳大桥劳动竞赛列为全国重大工程示范性劳动竞赛。

为统筹各方力量，港珠澳大桥管理局牵头成立了港珠澳大桥建设工程工会联合会，为在港珠澳大桥各个参建单位、各个工区开展劳动竞赛提供了坚强的组织保障。全体建设者以创建全国“工人先锋号”为契机，围绕“六比六赛”全力以赴，争创一流。

面对困难，港珠澳大桥建设者们开展了一系列的创新活动，掀起了劳动竞赛的热潮，有力助推工程建设，取得了预期的成效。

建设理念创新。港珠澳大桥建设目标为“建设世界级跨海通道、为用户提供优质服务、成为地标性建筑”。结合建设目标和项目特点，形成了四大建设理念，以指导工程实践。设计理念：全寿命周期规划，需求引导设计；施工理念：大型化、标准化、工厂化、装配化；管理理念：立足自主创新，整合全球优势资源；发展理念：绿色环保，可持续运营。

设计方案创新。一是采用桥岛隧集群方案，较好地处理了地形、地质、水文气象、通航、航空、工期、投资、安全环保等多方面的关系。全桥跨海段 41.6 公里，错落有致，线形优美，体现了珠联璧合的景观理念。二是建立专用技术标准体系，采用三地“就高不就低”原则，不仅较好地支撑了工程建设，而且系统地填补了我国海洋环境下交通建设技术标准的空白。

关键技术创新。一是海中人工岛快速成岛，创新性地采用 22 米大直径深插式钢圆筒作为止水围护结构进行外海筑岛。二是沉管管节工厂化制造，标准管节长 180 米，混凝土用量约 2.7 万立方米，重达 8 万吨。沉管管节工厂化制造在国内属于首次，相对传统作业模式建设具有施工工期短、可连续预制、质量可控的优点。三是海上长桥装配化施工，非通航孔桥 190 个承台墩身（最大吊重约 2600 吨）以及组合梁 2516 块桥面板全部在岸上工厂内预制，再由浮吊运输至施工现场进行安装。桥梁工程上部大规模采用钢结构，建成国内首条钢箱梁板单元制造自动化生产线；钢结构焊接、组装从传统的工地式、粗放式转变为工厂化、精细化管理模式。四是大型施工设备研发创新，自主研发的隧道基础施工核心装备——深水碎石整平船在 40 米水深下整平精度可达到±35 毫米，新研制的三艘砂桩船全部实现国产化制造，其他创新装备还包括 8 锤联动大型振沉系统、深水自动定位多耙头基槽清淤船、深水无人沉放对接系统等。此外，还有 120 年耐久性保障、环保型施工、新材料开发及应用等多项关键技术创新。

可以说，全国“工人先锋号”表彰工作融入港珠澳大桥建设的各个环节和工作流程之中，以工程本身的技术标准和管理准则作为竞赛标准，与建设管理手段紧密结合，不搞两套标准，避免重复考核，规则合理、操作公平，使港珠澳大桥劳动竞赛始终围绕大桥建设的中心任务进行。

港珠澳大桥建设工程工联会每年在工程建设的重要节点进行一次阶段性总结和表彰，通过树典型、立标杆，掀起“比学赶帮超”的建设热潮。在先进集体和个人推选工作中，坚持弘扬社会主义核心价值观和新时代劳模精神，以在港珠澳大桥建设中做出突出贡献的一线员工为主要评选对象，由工联会牵头，按程序运作，层层推选，公开透明，真正选出能代表港珠澳大桥精神和时代风貌的知识型、开拓型、创新型先进集体和个人。

2013 年 10 月，全国总工会对港珠澳大桥劳动竞赛进行了第一阶段的总结表彰，授予港珠澳大桥管理局计划合同部、中交一航局一公司港珠澳大桥西人工岛项目部等 25 个班组全国“工人先锋号”。

几年来，港珠澳大桥建设工程工联会收集和整理了 200 多位先进人物的事迹材料，编印成《港珠澳大桥风采录》，通过重点挖掘奋战在建设一线的员工故事，提炼具有新时代劳模精神的港珠澳大桥精神，并进行广泛传扬。

2016 年 5 月，时任中共中央政治局委员、中华全国总工会主席李建国深入港珠澳大桥建设工地，代表全国总工会亲切慰问了大桥建设者，热情赞扬他们的劳动精神和创新智慧。

港珠澳大桥管理局通过期刊、网站、微信公众号等各种手段，积极构建大桥文化平台，创新“工地医疗”“工地讲堂”等因地制宜、形式多样的活动，服务一线建设者。通过大桥文化的打造，形成激励全体建设者团结奋斗、勇创一流的强大精神动力。

2011 年，中央电视台拍摄了纪录片《超级工程》。2014 年，中央电视台“五一”特别节目走进港珠澳大桥海上施工现场。2015 年，港珠澳大桥岛隧工程深海钳工管延安成为中央电视台报道的第一批“大国工匠”并荣获“第十四届全国职工职业道德建设个人标兵”称号。2016 年“五一”国际劳动节期间，《羊城晚报》推出新时代“工匠精神”系列报道，港珠澳大桥桥梁工程 CB04 标测量师杨磊、桥面铺装工程 CB07 标项目经理杨东来、桥梁工程 CB02 标机械工吴永新、岛隧工程设计负责人刘晓东等人的事迹，感染着万千读者。2016 年国庆节前后，中央电视台综合频道和新闻频道先后连续多次高频率报道了港珠澳大桥主体工程桥梁工程全线贯通和隧道工程 E33 管节的沉放安装，《超级工程Ⅱ》也在中央电视台综合频道和纪录片频道陆续播出。港珠澳大桥已经成为中国展示基础设施建设实力并走向世界的一张国家“新名片”，大桥建设者在一线用行动诠释着专注、坚守和精益求精的“工匠精神”。这种精神在港珠澳大桥的各个标段、各个工区形成了一股巨大的正能量，极大地激发和提振了广大建设者的士气。

在建设者们夜以继日艰苦奋斗下，2018 年 10 月 23 日，习近平总书记宣布港珠澳大桥正式开通并巡览大桥。他指出，港珠澳大桥是国家工程、国之重器。港珠澳大桥的建设创下多项世界之最，非常了不起，体现了一个国家逢山开路、遇水架桥的奋斗精神，体现了我国综合国力、自主创新能力，体现了勇创世界一流的民族志气。

全长 55 公里的港珠澳大桥跨越伶仃洋，集桥、岛、隧于一体，连接着香港大屿山、澳门半岛和广东省珠海市，东接香港特别行政区，西接广东省珠海市和澳门特别行政区，珠海至香港的车程由 3 个半小时缩至半小时，是在“一国两制”框架下，粤港澳三地首次合作建设的超大型跨海交通工程，是推动粤港澳大湾区发展的国家工程。

大桥设计使用寿命 120 年，地震设防烈度提高至九度，可抵御 16 级台风、30 万吨撞击以及珠江口 300 年一遇的洪潮。

2023 年 4 月 19 日，港珠澳大桥迎来了重要的历史时刻——那天，港珠澳大桥主体工程通过交通运输部、国家发展改革委、国务院港澳办组织的竣工验收。竣工验收委员会评价认为，大桥主体工程创下多项世界之最，工程质量等级和综合评价等级均为优良，打造了一座“精品工程、样板工程、平安工程、廉洁工程”，为超大型跨海通道工程建设积累了宝贵经验。

港珠澳大桥工程建设期长达 9 年，是一场考验建设者意志和毅力的“马拉松”。

这期间，是数万中国的建设者们，以表彰全国“工人先锋号”为抓手，扎根现场，围绕工程建设开展劳动竞赛，攻坚克难、凝心聚力、众志成城，用自己的青春和热血，完成了这项举世瞩目的超级工程。

第五章

品　牌

表彰活动在继承中创新、在创新中发展、在发展中成就品牌。

在“工人先锋号”的历史上，2009 年是一个具有里程碑意义的一年。从这一年开始，全国总工会对推动经济社会发展做出突出贡献的全国各类企事业单位（具有法人资格）授予全国“五一劳动奖状”，对全国各类企事业单位的车间、工段、班组授予全国“工人先锋号”。这就是说，此后全国“五一劳动奖状”（班组）原则上不再授予车间、工段、班组，全国“工人先锋号”成为车间、工段、班组的最高褒奖。

全方位、多领域、深入扎实地开展“工人先锋号”的表彰活动，激发了职工工作热情和创造活力，展示了工人阶级先进性，增强了职工的使命感和责任感，提升了职工的社会地位，激励着广大职工不断提高学习能力、创新能力、竞争能力、创业能力，加快知识化进程，不断增强主动性、发挥创造性、发展先进性，逐步成为社会普遍认可的工会工作品牌，“工人先锋号”的旗帜在各行各业高高飘扬。

值得一提的是，各地工会的实践和探索，为推进“工人先锋号”表彰活动的深入发展探明了路径——在内容上，必须着眼于转变经济发展方式、建设创新型国家、加强能源资源节约和生态环境保护等新要求；在运行上，建立健全了诸如综合评定机制、督察考核机制、激励导向机制等，为“工人先锋号”表彰活动提供制度保障。

为了进一步规范管理，2011 年 11 月，全国总工会下发了《全国五一劳动奖状、全国五一劳动奖章、全国“工人先锋号”评选管理工作暂行办法》，对全国“工人先锋号”荣誉称号的授予条件、日常管理、撤销条件等做出了明确规定。

2022 年，时任中华全国总工会党组书记、副主席、书记处第一书记陈刚在《红旗文稿》发表文章，指出群众性技术创新队伍是不可或缺的创新力量，群众性技术创新体系是国家创新体系建设的重要组成部分。

2023 年 4 月 27 日，庆祝“五一”国际劳动节暨全国五一劳动奖和全国工人先锋号表彰大会在北京人民大会堂举行，大会由中华全国总工会党组书记、副主席、书记处第一书记徐留平主持，授予1044个集体全国“工人先锋号”。

截至2023年，共集中表彰16443个全国“工人先锋号”，涌现出了潍柴动力股份有限公司“三高”试验队、北京中医药大学援鄂医疗队（东直门医院、东方医院）、小米人工智能实验室声学语音团等全国“工人先锋号”的先进典型。

全国广大职工将进一步凝聚在“工人先锋号”的旗帜下，继承和发扬工人阶级优良传统，发挥时代先锋作用，发挥工人阶级主力军作用，以胸怀全局、心系国家的主人翁姿态，以敢于超越、勇攀高峰的勇气，投身新时代中国式现代化的伟大实践，创造更加辉煌的业绩，为实现中国梦谱写更加华丽的篇章！

“三高”试验队的故事传颂全国

夏天去吐鲁番，冬天去黑河。

他们被称为“反候鸟”，在夏天最热的时候

出现在50多摄氏度的吐鲁番，在冬天最冷的时候出现在零下40多摄氏度的黑河，在最缺氧的时节出现在海拔4000多米的高原，为的是获取国产发动机的关键“数据”。

十多年来，他们总是和南飞北归的候鸟逆向而行，在高寒、高温、高原“三高”试验场地一待就是几十天甚至上百天。

他们有一个响亮、青春的名字——潍柴动力股份有限公司“三高”试验队。

2005年，潍柴动力股份有限公司每年都会进行高温、高原、高寒标定试验。为达到最佳的试验效果，这支由电控工程师、设计工程师、应用工程师、试验技师和专业试验驾驶员等组成的试验队，总是逆季节规律前行。在酷暑时，他们踏进吐鲁番盆地，攀上青藏高原；在寒冬腊月，他们深入冰雪北疆，漠河极地。正是基于试验基础，中国制造的发动机技术指标完全能和世界柴油机霸主一决高下。

为了实现“造出世界上最好的发动机”这个共同的梦想，年轻的潍柴动力股份有限公司“三高”试验队队员们不远千里，上高原、战严寒、斗酷暑，挑战一个又一个极限，用青春谱写出了一曲动人的铿锵旋律！

早在2005年，我国第一台拥有自主知识产权，达到欧洲排放标准的高速大功率柴油发动机“蓝擎”动力在潍柴动力股份有限公司诞生，中国内燃机制造业从此迈入了自主创新的“中国动力时代”。

“潍柴”的成功，“三高”试验队功不可没。潍柴动力股份有限公司董事长谭旭光深有感触地说，“三高”试验队是“80后”当代青年职工的优秀代表，是践行社会主义核心价值体系的楷模。

责任在肩，使命为先。“三高”试验队自2005年成立以来，至今共组织“三高”试验30余次，涵盖中、重、轻、客、特在内的国三到国六车型200余种，参与人数达400余人次。

为了攀登世界柴油发动机的高峰，制造全球最好的发动机，“三高”试验队锐意探索、勇于创新、自我加压、挑战极限，积极抢占世界发动机制高点，将个人安危置之度外，用满腔热血乃至宝贵生命诠释了当代中国青年的价值追求和崇高使命，谱写出当代青年的壮美之歌。

“用户满意是我们的宗旨”，这是“三高”试验队孜孜以求的标准，更是产品研发的准绳。高原试验发动机的达标高度为海拔 4100 米，为缩短与国际先进水平的差距，他们主动提高到海拔 4700 米。为测试发动机低温冷启动指标，验证发动机性能，在零下 45 摄氏度的黑河，他们总是选择一天中最冷的时间。为获取热区试验数据，他们把车开到新疆火焰山，冒着 82 摄氏度地表温度，反复进行测试、汇总、分析和整理。为了能够得到整车运行的一手数据，技术人员要连夜跟车进行车辆路谱数据的采集，分析总结发动机的常用工况，根据不同的运行工况数据进行发动机系统优化，进一步寻找动力性、经济性和排放性的最佳结合点。

“三高”试验中，高寒试验尤为辛苦，每天要在凌晨四五点钟，趁气温最低的时候爬上冰冷的驾驶室，完成发动机低温试验、博世系统低温验证、低温考核零部件试验、SCR 后处理低温解冻试验、整车电瓶低温性能试验、整车驾驶室除霜试验等。标定过程中，标定工程师操作笔记本时根本不能戴手套，几个小时下来每个人的指尖都冻得通红僵硬，疼痛难忍。但是，看到配装潍柴发动机的车辆奔驰在祖国的大地上，想到这是自己亲手研制、试验的发动机，大家觉得一切付出都值了！

梅花香自苦寒来。通过不断的“三高”试验积累和经验总结，潍柴动力股份有限公司编制了《柴油机高原地区适应性试验》、《柴油机寒冷地区适应性试验》、《电控柴油机炎热地区适应性试验》、《装车道路性能试验》、《装车道路可靠性试验》、《电控柴油机检测功能测试》、《SCR 催化转化器耐久性检测试验》、《EGR 柴油机耐久试验》等一系列国内领先的柴油机试验规范，引领我国内燃机行业与世界先进水平同步。

前进在“三高”试验的征途上，不仅有艰苦环境的磨炼，还有生与死的考验。

2011 年 10 月 14 日，正在青海格尔木进行高原试验的“三高”试验队队员丰东旭、于超和赵蒙生，在试验途中遭遇意外交通事故，不幸全部遇难。遇难时，丰东旭、于超年仅 28 岁，赵蒙生年仅 26 岁。

其实，那一天，他们可以不用都去。平时，三人都是轮流去。头一天，于超刚从山上下来，他本可以在宾馆休息一天，但他们觉得设备厂家的工程师要一块儿去，这可是平时求都求不来的学习机会。就在他们下山的途中，意外发生了。三个年轻人甚至连一句话都没留下，就这样匆匆走完了短暂的一生。

2009年，丰东旭通过内部招聘的方式，从潍柴动力股份有限公司一号工厂考进了潍柴动力股份有限公司技术中心。在一号工厂时，他每天一上班就扎进车间里，把那些看似杂乱无章、毫无头绪的装机明细，一个零件一个零件，全部理顺、修订了一遍。

浓眉大眼的于超是队里的“开心果”。每次排班做试验时，大伙儿都抢着和他一块儿。临出发前，于超就和队友们透露了一个小秘密，他要结婚了，婚期定在试验结束后。

26岁的赵蒙生，长安大学毕业，硕士研究生。在公司和队里，他做事勤勤恳恳，就像头默默耕耘的老黄牛，大伙儿给他起了个外号“蒙牛”。“蒙牛”交了女朋友，也马上就要结婚了，父母高兴得合不拢嘴。他的结婚请柬，已被父母发到亲朋好友手中，喜烟、喜酒、喜糖早就准备齐全。

2011 年 10 月 21 日，是潍柴动力股份有限公司 65 周年庆典的日子。庆典准备安排一场特殊的集体婚礼，65 对新人将随着公司 65 周年庆典的钟声喜结连理，于超、赵蒙生就是其中的两位新郎。谁也没想到，大伙儿等来的，却是这样一个噩耗。

三名队员和所有的“三高”队员一样，心中有一个梦想，那就是造出世界上最好的发动机，让“潍柴”的名字响彻世界的每一个角落。

“人烟稀少的高原，氧气缺乏的环境，望而却步？层层高峰的阻隔，高原水肿的反应，失去前进的勇气？可是我们没有，我们依然奋进着，探索着……”“三高”试验队队长常国丽坚定地说，“为了完成艰巨而光荣的任务，我们勇敢地离开了家，为祖国奉献出一份青春的光和热。”

330 多颗年轻的心和着青春的节拍跳动，担负起潍柴发动机的“三高”试验工作，汇成一曲“开拓创新、协同作战、不畏艰险”的交响乐。

玉碎冰雪献青春，血染昆仑写忠诚。

三名队友倒下了，“三高”试验队的旗帜高高飘扬。常国丽说，以丰东旭、于超、赵蒙生为代表的“三高”试验队员，是“三高”试验队模范集体“80后”青年科研工作者的先进代表。他们用自己的生命为全体潍柴人树立了旗帜，用青春热血把潍柴精神永远写在了格尔木的高原上，更把感动和使命留给了每一个潍柴人！

三名科研人员遇难的当天，还需要最后一次上高原才能完成实验任务。1980年出生的第二任“三高”试验队队长吕文芝，考虑到其他队员的心理影响，毅然决定独自再上高原，工作10多个小时直到把试验做完。

是什么样的力量支撑着“三高”试验队不断挑战环境和生命的极限？潍柴动力股份有限公司实验室主任、技术中心副主任李大明说，是高度的责任心和使命感，是对潍柴的无限热爱。

为了保证能够完成新产品开发后的各项性能测试，“三高”试验队建立了完善的管理网络，从前期的技术对接、现场匹配，整车安全性调试、试验装配和工具的组织，试验计划的制订、实施、协调、统筹规划，到试验车辆的现场管理、试验进展的日常汇报、试验过程的培训组织，包括试验车队的衣食住行、高温防暑、高寒保暖、高原反应防护，都实行专人专管，分工协作，万无一失。

孙晓东从2005年团队成立至今，从未缺席过“三高”试验。2012年，在妻子身怀六甲、最需要关心和照顾的时候，他的身影依然出现在试验队伍中。2012年10月18日一早，妻子顺利生下孩子，为了全身心地投入试验工作中，他没透露半点消息。晚上试验结束回到驻地，他才将这一喜讯告诉队长。初为人父的孙晓东，仍然坚守在“三高”试验现场。

在潍柴动力股份有限公司挺进世界500强企业的进程中，“三高”试验没有休止符。

多年来，他们的足迹踏遍茫茫戈壁，巍巍昆仑。

常国丽说：“踏着青春的足迹，接过青春的火炬，再上青春的高原，我们是勇往直前的中国动力！为了民族工业，我们随时冲到像‘三高’这样艰苦的最前线，将潍柴人的足迹留在了人迹罕见的沙漠、高山和雪地，把潍柴人不怕吃苦、无私奉献的潍柴精神写在了祖国的大地上！”

由于“三高”试验队的突出业绩，2012 年，潍柴动力股份有限公司“三高”试验队获得全国“工人先锋号”殊荣。同时，全国总工会在全国范围内巡回举办以潍柴动力股份有限公司“三高”试验队为代表的全国劳模先进事迹报告会。

2012 年 4 月 27 日，全国总工会庆祝“五一”国际劳动节大会在北京人民大会堂举行。全国劳模先进事迹巡回报告团在大会上作了首场报告，潍柴动力股份有限公司“三高”试验队队长常国丽讲述了鲜为人知的“三高”试验中的苦与乐。

2012 年 5 月 11 日，中央直属机关工委、中央国家机关工委、全国总工会、北京市总工会在北京人民大会堂联合举行全国劳动模范先进事迹巡回报告团报告会。3000 余名中央国家机关和首都干部职工代表现场聆听了六名劳模的先进事迹报告。潍柴动力股份有限公司“三高”试验队队长常国丽作为六名报告团成员之一，作了先进事迹报告。

2013 年 4 月 28 日上午，习近平总书记来到全国总工会机关，看望全国各条战线、各行各业、各个时期的劳动模范代表，并召开座谈会，与大家同庆五一节，共话中国梦。

来自全国31个省（区、市）的65名劳模胸前佩戴着各种奖章，同习近平总书记围坐在一起。他们中，年龄最大的84岁，最小的25岁，潍柴动力股份有限公司“三高”试验队队长常国丽也在其中。

于是出现了本书开头的感人一幕——习近平总书记叮嘱有关部门负责同志，应给这些姑娘配备一些劳动保护用品，不要让她们受伤害，又冷又热又晒，都晒黑了。

一时间，“三高”试验队的故事在全国传颂，“工人先锋号”的旗帜在全国高高飘扬。

平凡的医生，抗疫的勇士

谁能想到，2020年的春天，会这样感天动地，这样荡气回肠！

发生在岁末年初的新冠肺炎疫情，以其汹汹

袭来之势，深刻改变了 2020 年的春天，而最早遭受这一重大危机考验的中国，以巨大的魄力、惊人的壮举、勇毅的付出，最早阻断了疫情的传播，让这片土地成为世界上最安全最温暖的家园。

一个拥有 10 多亿民众的世界人口第一大国，全力以赴、众志成城地打了一场疫情防控的人民战争、总体战、阻击战。

不惜代价，只为人民安康。

不计得失，只为山河无恙。

一场没有硝烟的人民战争就这样打响了！

北京中医药大学援鄂医疗队里 46 名平凡的医生就这样匆匆忙忙地参与了这场人民战争，成为抗疫勇士。

2020 年 1 月 27 日，这支由东直门医院和东方医院 46 名医护骨干组成的医疗队赴湖北省中西医结合医院参与新冠肺炎患者的救治，在一线持续奋战 59 个日夜，发挥中医药特色，一人一策，随证化裁，用仁心仁术给予患者最好的救治。2021 年 4 月 27 日，全国总工会授予北京中医药大学援鄂医疗队全国“工人先锋号”。

到达湖北省中西医结合医院的当天，援鄂医疗队队员、国家中医医疗队队员、北京中医药大学附属东直门医院（第一临床医学院）党委书记叶永安，带领援鄂医疗队队员梁腾霄进入 ICU 病房，组织中医医疗查房，对部分机械通气危重症患者给予了中药干预。经过 7 天治疗后，5 位接受中医药治疗的危重症患者，均有不同程度的改善。

一位 76 岁的患者，被诊断为重型新冠肺炎进入湖北省中西医结合医院，同时患有心脏病和重度前列腺增生。入院后，经规范治疗，病情未得到改善，很快因难以纠正的呼吸衰竭，转为新冠肺炎危重型，需要气管插管和呼吸机辅助通气，进而转入 ICU。其间，患者因感染性休克、Ⅰ型呼吸衰竭，病情曾一度危重。北京中医药大学援鄂医疗队查房后，对该患者给予中药汤剂治疗。服药后，患者循环及呼吸明显趋于稳定，肺脏氧合能力快速改善，呼吸机支持压力水平减低，给氧浓度由 60%稳定降至 40%。两天后，患者竟奇迹般具备了拔管指征，随即顺利拔管脱机。

当北京中医药大学援鄂医疗队再次进入 ICU 查房，站在病床前时，患者激动地想用语言表达自己的感谢，但是由于气管插管的影响，说话还不太清晰，他执意用带着输液针头的双手合十，感谢医生！

“这是一场高水平的综合救治。”湖北省中西医结合医院新冠肺炎重症监护室主任王夜明感慨地说。

叶永安介绍说：“在本次抗击新冠肺炎疫情中，中医药始终参与其中，前期主要是在轻型、普通型及部分重型患者干预中取得了较好治疗效果，如何在重症，特别是危重症患者中体现出中医药的疗效，创造性地将中西医结合起来，提升危重症患者救治成功率，是我们中医国家队应该去努力的方向。国家队就是要去啃硬骨头！”

北京中医药大学援鄂医疗队队员抵达武汉后，叶永安就开始了危重型新冠肺炎患者中医药治疗的探索与研究。在重型、危重型新冠肺炎患者治疗初见成效后，北京中医药大学援鄂医疗队积累了一定的临床经验。

由于重症监护室的病人上着呼吸机，无法实

现问诊，无法观察舌象，胳膊上捆着监测袖带，手背扎着输液针，再加上医生戴着两层手套，切脉也很困难。这给中医诊断带来巨大的困难。面对这样的挑战，叶永安另辟蹊径，利用自己多年积累的中西医结合临床经验，综合五运六气理论、三部九候诊法以及临床客观检查指标，精准评估患者的病情，同时灵活采用脏腑辨证及卫气营血等理论，为患者遣方用药。

叶永安总结出一套特有的中医临床诊治方法，在中医药治疗危重型新冠肺炎患者中取得了令人满意的疗效。经他诊治的另外一名同在 ICU 的危重型新冠肺炎患者，2 月 28 日查房时气管插管，行机械通气治疗，吸氧浓度 100%，氧合指数 85，四末不温，循环功能欠佳。经中医药治疗 3 天后复查，氧合指数达到 170；3 月 6 日查房时，循环稳定，肢体末端皮温回暖，查房当日氧合指数 220。

面对危重型新冠肺炎患者，叶永安提出，中医治疗当尊重“四诊”，但不能局限于“四诊”，对于 ICU 危重型新冠肺炎患者诊疗的困难，中医应采用多种经典理论相结合，融会贯通于患者的治疗，方可取得临床疗效。

“非典时，大家保护我们‘90后’；17年后，我们‘90后’要保护大家。”“90后”护士的这番话被热转并收获大量点赞。

在北京中医药大学援鄂医疗队中，也有这样一群“90后”，他们义无反顾奔赴武汉，勇往直前，逆行而上。

2月20日的凌晨，北京中医药大学援鄂医疗队队员杨玉婷正在湖北中西医结合医院隔离病房内为患者输液，巡视病房。而这天，恰好是她29岁生日。这是一次没有鲜花、蛋糕和礼物，也没有亲人陪伴的生日。有的只是与她一同战斗的队友和她不分昼夜救治的患者。在这特别的一天，奋战在疫情防控第一线的杨玉婷，用最美的逆行，点燃了她29岁生日的蜡烛。

在生活中，杨玉婷同时扮演着母亲、爱人、女儿的角色。出发驰援武汉前，杨玉婷抱起两岁半的孩子说：“乐乐，妈妈要去一个很远的地方工作，去帮助别人，可能要去很多天，你要听奶奶和爸爸的话，乖乖地等妈妈回来。”

第一次近距离接触新冠肺炎患者的时候，杨

玉婷坦言，还是有一点害怕的。但她很快调整好了自己的心态，细致地将防护做到位，全力给予患者更加专业的治疗和护理。

在病房内，患者常常会有一些情绪方面的变化，对陌生环境的不适、对疾病的焦虑、对家人的思念，杨玉婷看在眼里、急在心里。除了给予患者专业的治疗外，她还经常与患者沟通，用多种方式来表达关心，让患者们感受到温暖。

下夜班后，杨玉婷从医院前往宾馆，一路上看着路边“武汉加油，齐心协力”的标语，听着巡逻车放出的“武汉加油，一定能赢”的话语。身处抗疫前线的她，明白身上白衣承载的重量。她知道，自己不是一个人在战斗，有千千万万的白衣战士与她并肩作战，在无惧困难、不畏生死地完成救护使命。

“我想，奋战在抗疫一线这份宝贵经历，是送给自己最好的生日礼物。这是我一生难忘的回忆，让我成长，会指引我走好未来的每一步。29岁的杨玉婷，加油！武汉，加油！我们一定能够战胜疫情！”

队里和杨玉婷一样是“90后”的还有出生

于1991年的护士胡宇佳、1995年出生的石玉林和1992年出生的陈威杨等。

正如习近平总书记所说，“在新冠肺炎疫情防控斗争中，你们青年人同在一线英勇奋战的广大疫情防控人员一道，不畏艰险、冲锋在前、舍生忘死，彰显了青春的蓬勃力量，交出了合格答卷。广大青年用行动证明，新时代的中国青年是好样的，是堪当大任的！”

连续奋战了59天后，2020年3月25日晚9时10分，在结束了5小时36分的旅途之后，随着G68次列车驶达北京西站，北京中医药大学援鄂医疗队的46名医疗队队员回到北京。这是首支返回北京的驰援武汉医疗队。

返程前，作为北京中医药大学援鄂医疗队领队，叶永安还惦记着他的病人，那是一名他从ICU里抢救过来的76岁重型新冠肺炎患者。“听说他核酸已经转阴，很快就能出院了”，叶永安开心地说，“每一位转出的病人，我们都一直在追踪，跟他们现在的主管医生都有微信联系……”这名患者是叶永安和队员们遵循“一人一策，随证化裁”的思路，注重体质、疾病、症状“三结合”，中药方剂与中医技术疗法相结合治疗，取得显著疗效的多名重症患者之一。

在武汉站，大家举着“凯旋旗”合影留念。北京中医药大学援鄂医疗队队员、第一临床医学院（东直门医院）急诊科护士纪冬梅用手比心，笑着说，“炸酱面永远会跟热干面在一起！我们一起加油”！

“突然得知能回北京了，一点心理准备也没有。”北京中医药大学援鄂医疗队队员、北京中医药大学第二临床医学院（东方医院）ICU 主任王彤说，“回家肯定是开心的，结婚 25 年，我还没跟爱人分开过这么久，儿子也一直念叨着我。可真的离开武汉了，心里又充满了不舍，舍不得病人，舍不得当地一起并肩作战的战友们……”

“在与新冠病毒较量的过程中，大家从素不相识，到默契配合，结下深厚的战斗友谊……”叶永安说，“这份情谊不会断，未来我们京汉两地的医院还会有更多长期的合作。”北京中医药大学援鄂医疗队队员在武汉的驻地对面有一个汽车教练场。那里，也是队员们平时锻炼、晒太阳的专属区域。临行前，他们再次来到这里，集体拍照留念。就在拍照时，周围高层楼里的居民纷纷打开窗子，走上阳台，向队员们挥手告别："谢谢你们！辛苦了！欢迎再来武汉！"那一刻，很多年轻的队员都忍不住落泪了。

"我和我的祖国，一刻也不能分割……"在返回北京的列车上，医疗队员一起唱起这熟悉的旋律。北京中医药大学第二临床医学院（东方医院）护士王晓君说，"有人说，我们医务人员是白衣天使，那我相信这一路上竭尽全力帮助过我们的人，都是我们的盔甲。希望来年春暖花开时再相约武汉，一起看看这座美丽的、英雄的城市"！

在武汉期间，从 1 月 30 日下午 2 点开始正式收病人，到 3 月 11 日晚锁上办公室的大门，北京中医药大学援鄂医疗队接管的呼吸重症六病区共治愈出院患者 72 人，转出患者 29 人。

北京西站的站台上，迎接的队伍早已等候多时，随着医疗队人员走出车厢，站台上响起了热烈的掌声和欢呼声：欢迎战"疫"英雄、白衣天使们凯旋回家。

全国总工会、国家卫生健康委、国家中医药管理局、北京市顺义区有关领导在驻地为队员们举行了简短的欢迎仪式。时任中华全国总工会党组书记、副主席、书记处第一书记李玉赋发言指出，医疗队特备能吃苦，特别能战斗，再一次用临床疗效诠释了中医药是中华文化的瑰宝和中华文明的结晶。

没有生而英勇，只是选择无畏；能有岁月静好，只是因为有人负重前行。北京中医药大学援鄂医疗队的白衣战士，是“最美逆行者”，是守护患者生命、护卫人民健康的白衣天使！

让智能生活助手越来越有温度

2023 年 4 月 27 日，小米集团技术委员会人工智能实验室声学语音团队（以下简称语音团队）获得由全国总工会颁发的“全国工人先锋号”荣誉称号。表彰大会在北京人民大会堂举行，语音团队技术总监王育军代表团队领奖。在会上，全国人大常委会副委员长、中国全国总工会主席王东明指出，党的十八大以来，我国工人阶级和广大劳动群众在党的领导下，立足本职、拼搏奋斗，争创一流、勇攀高峰，为全面建成小康社会、实现党的第一个百年奋斗目标发挥了主力军作用，用智慧和汗水谱写了“中国梦·劳动美”的新篇章。

这是对语音团队取得的科技成果的肯定，也是对小米公司持续推动科技创新之路的激励。

2017 年 1 月，语音团队成立。当时整个团队只有 4 个人。4 个月后，语音团队就开发出了小米第一个语音识别系统，并应用于小米电视，实现了可以通过语音方式搜索、播放电视节目。

王育军把这段经历戏称为“444 岁月”，“4 个人，经过 40 多次试验，历时 4 个月，不但上线了语音识别系统，还发表了相关论文。”在王育军看来，首战告捷的小小成功其实难度并不大，接下来的小米音箱语音唤醒功能开发，才是第一块“硬骨头”。

“我们要进行语音交互，先得成功叫醒它，这是第一道环节，所以唤醒的成功率和误唤醒率都非常重要。”王育军解释道，所谓成功唤醒，就是当用户呼叫“小爱同学”时，系统能准确地识别出来是在进行唤醒；而误唤醒，就是毫不相关的声音或是发音近似的声音，也会唤醒音箱，“比如半夜大家都睡觉呢，鼾声或是户外的蛐蛐声都会唤醒音箱，那肯定不行，这种对用户的打扰是非常严重的。”

回想起这段时光，小米集团声学语音算法工程师王永庆形容为“非常难”，“刚开始做的时候是没有数据的”。简单来说，要让系统识别出哪些声音是在唤醒，哪些不是，需要一个庞大的声音数据库做基础，包括“小爱同学”这四个字，也需要有不同音色、不同口音、不同环境音等多种情形做素材。于是，团队成员不但自己录制声音素材，还请同事帮忙，那段时间，大家经常能看到王永庆提着饮料、小零食，笑眯眯地四处招揽同事，“来帮我们录一段啊”！

突破，并不容易。半年后，误唤醒率依然无法达到预期目标，团队成员开始有些动摇，但王育军坚信，“技术的事儿，只要符合常识，沉下心不慌，就一定能做出来”。于是，一个 45 天计划诞生了，团队成员兵分三路，采取三种不同的方法，共同向着一个目的地前进，最终，把误唤醒率控制在了一天一次，进而一周四次，且仍在不断降低。

语音识别为“小爱同学”装上了“耳朵”，但要能听会说，还要有“嘴巴”。于是，语音团队研发推出了语音生成技术，可以将文本转化成语音，甚至还能自动谱曲、编曲、合成歌曲等。其中，超级拟人语音合成技术最大限度模拟真人说话方式，不只是语气，甚至连人类说话时的犹豫、停顿、变速、叹息等习惯也能复刻，使语音合成效果更加自然流畅。

为用户带来智能生活新体验的同时，小米集团始终关注智能设备无障碍建设。“声音天然应该服务于无障碍。”在王育军看来，无论是视障人群、听障人群、语言障碍人群还是肢端残障人群，都可以通过人机交互的不同模态、利用声音去弥补缺失的能力。

“科技发展的根本目的是作用于人的生活，我们希望通过自己的努力，让语音科技更有温度，让越来越多的用户享受到更好的体验感。”王育军说。

“小爱同学！”“我在！”从2017年9月问世，不论是小米智能音箱，还是小米电视、小米手机，“能听会道”的“小爱同学”月活跃用户数量已达到 1.15 亿人次，成为世界上最忙碌的语音助手之一。

“小爱同学”一直在潜移默化中成长、进步，语音团队就是扶持它成长的强大“技术天团”，让它越来越智能，越来越有温度。

2019 年，小米集团提出了“手机×AIoT”战略。为了持续提升这个大生态上的声音交互体验，小米集团引入了首席语音科学家 Daniel Povey 博士，他是全世界开发者使用最多的开源语音识别社区 Kaldi 的创始人，被业界称为“Kaldi 之父”。Daniel Povey 博士加入小米集团后，语音团队又持续邀请了几十位业内顶尖的声学语音算法专家和研发人员加入，一起在世界上最肥沃的声音技术土壤上耕耘。

专家们把以语音识别为代表的一系列算法扩展为声音理解技术，内容包括语音识别、声音分析还原、阵列拾音、语音唤醒、声纹识别、通话降噪、主动降噪、声学测量、声音视觉跨模态感知理解、口语评测、语种识别和声音文本跨模态情绪识别；把以语音合成为代表的一系列技术扩展为声音生成技术，内容包括语音合成、声景合成、音乐生成、声音复刻、虚拟形象生成以及空间音频。从而形成了一个包含 18 个技术方向的完整声音交互技术栈，几乎囊括了所有民生领域中的声学语音应用。

截至 2022 年底，语音团队共 98 人，其中国内外博士 20 名、硕士 75 名。正是因为拥有了强大的声音“技术天团”的技术支撑，才让小米集团的“小爱同学”更加“能听会道”。

截至目前，小米手机日均收到 2 亿次语音识别请求、3 亿次语音合成请求，日均通过远场拾音触发语音交互 5200 万次、唤醒语音识别 5500 万次、进行 1.85 亿次声纹识别。

语音技术最早起源于欧美国家，随着 2011 年移动互联网时代的到来，华人语音的研究者和团队逐渐踏入语音技术的聚光灯下，小米集团的语音团队成为其中的佼佼者。小米拥有世界上最大的智能设备生态网络，借此孕育了大量的人机语音交互需求。语音团队满足了这些真实的用户需求，为包括手机、耳机、手表、手环、笔记本电脑、大家电、机器人等 5000 多款智能产品提供声学语音人机交互技术，并不断磨砺自己的人工智能算法。

语音团队不断挑战世界级的语音研究“天花板”，参加了语音技术领域内一系列挑战赛，并获得了6项国际声学语音挑战赛冠军和2项国内比赛冠军。同时，团队在语音研究领域持续创新，研发出超级拟人、语音成分分析与重建、AI作曲和编曲等技术，回馈工业界和学术界。其中，以“个性化情感化语音交互关键技术及产业化”获得北京市科技进步二等奖，以“小米智能语音技术在手机实时通信中的应用”获得深圳人工智能行业应用奖。截至2022年，语音团队发表的43篇论文为国际顶级语音会议收录。

一项项荣誉不仅见证了语音团队在和声音交互业务紧密相关的技术领域上实现了从“追跑者”到“领跑者”的蜕变，也为“中国智造”书写下浓墨重彩的一笔。

为用户带来智能生活新体验的同时，小米集团始终关注智能设备无障碍建设。语音声学团队为残障用户群体研发了一系列算法和应用。

语音团队为听障用户群体开发了“闻声技

术”，不但可以让设备帮听障用户“看到”其他人说话，也可以帮他们“看见”周围环境中的声音。例如，读屏技术可以让视障用户“看到”屏幕上的内容；“聆听”技术为构音困难用户提供了个性化的语音识别，让他们也可以通过语音和设备交互，这项技术被提名为 2021 年世界互联网领先科技成果；“口语评测”技术为听障人群的语训提供帮助。作为语音合成技术在无障碍的典型应用案例，语音团队还开展了声音配型捐赠工作，赋予失去语言能力的用户属于自己的声音。

“做有温度的语音技术是我们团队共同的初心。如今，超大模型技术的涌现，已经标志着我们进入了人工智能 2. 5 时代，小米将积极拥抱大模型时代，为中国民生领域再创技术佳绩。”王育军透露，小米已经集齐大模型的部分先决条件：跨模态编码的科研能力、个性化垂域模型与大模型的融合推理能力、设备端计算资源以及丰富的行业用户场景。“声学语音团队必将竭尽全力，参与大模型的研发，为中国 AI 声学语音技术创新做出贡献，持续在民生行业问鼎世界第一，用技术创新提升全民生活品质。”王育军说。

大事记

1984 年

北京公交集团工会在认真总结开展“比学赶帮”竞赛活动经验的基础上，针对公交行业“马路车间、单车作业、流动分散”的特点，从发挥先进典型示范引领作用、扩大先进影响力入手，选树了两个多年坚持优质特色服务、乘客满意、具有时代精神的车组，由北京市总工会命名为“工人先锋号”，从此拉开了创建“工人先锋号”活动的序幕。几乎同时，天津、福建等省市的窗口服务业也兴起了创建“工人先锋号”活动。

1986 年

9 月 15 日至 18 日　全国总工会和国家经委在北京召开全国班组工作会议暨表彰大会，这是新中国成立以来第一次专门研究和部署加强班组建设的重要会议。会议总结交流了班组建设的新鲜经验，全国总工会和国家经委决定命名 296 个班组为全国先进班组，并由全国总工会分别颁发了“五一劳动奖状”。至此，“工人先锋号”的雏形在劳动竞赛活动中逐步发展孕育。

2006 年

12 月　全国总工会第十四届执行委员会第四次全体会议提出，要使创建“工人先锋号”等建功立业活动，逐步形成全国统一、长期坚持、职工认可、影响广泛的劳动竞赛活动品牌。

2007 年

1 月　时任中共中央政治局委员、全国人大常委会副委员长、中华全国总工会主席王兆国在全国总工会第十四届执行委员会主席团第十三次全体（扩大）会议上作出了“大力开展‘工人先锋号’活动”的指示，并题写了全国“工人先锋号”奖牌。

8 月 30 日　全国总工会在北京召开电视电话会议，部署创建“工人先锋号”活动，下发了《关于深入开展创建“工人先锋号”活动的实施意见》，进一步明确和规范了“工人先锋号”的授予和管理，并要求在全国职工中迅速掀起创建“工人先锋号”活动的高潮，努力使“工人先锋号”成为得到社会普遍认可的品牌。由此开始，全国范围深入开展创建“工人先锋号”活动正式启动。

2008年

1月4日 全国总工会办公厅下发了《关于推荐评选全国五一劳动奖状奖章、全国“工人先锋号”的通知》，对推荐评选全国“工人先锋号”作了明确规定：申报全国“工人先锋号”的先进集体须获得省级或全国行业“工人先锋号”称号，并符合《中华全国总工会关于深入开展创建“工人先锋号”活动的实施意见》中所规定的条件；推荐授予全国“五一劳动奖状”的班组，须在全国“工人先锋号”班组中产生，其数量不得低于申报全国“五一劳动奖状”总数的50%。

4月29日 全国总工会下发了《关于命名全国“工人先锋号”的决定》，命名了首批全国“工人先锋号”。全国总工会决定，命名北京燕山石化公司聚丙烯事业部第一生产部聚合造粒四班等1055个集体为全国“工人先锋号”，号召各级工会组织以车间、班组、工段为阵地，在各行各业开展创建“工人先锋号”活动，并在每年（除五年一次的全国劳动模范表彰年份外）的“五一”国际劳动节进行集中表彰。

12月　为表彰先进，大力弘扬伟大的抗震救灾精神，进一步激励广大职工积极投身抗震救灾恢复生产、重建家园工作，全国总工会决定命名北京大学医学部抗震救灾医疗队等1199个先进集体为“抗震救灾重建家园‘工人先锋号’”，开全国“工人先锋号”即时表彰的先河。从此，全国总工会对国家的重大突发事件中的一些具有时代性、先进性和示范性的车间、工段、班组授予全国“工人先锋号”，对国家重点工程开展全国示范性劳动竞赛过程中表现突出的车间、工段、班组授予全国“工人先锋号”。

2009年

全国总工会对为推动经济社会发展做出突出贡献的全国各类企事业单位（具有法人资格）授

予全国五一劳动奖状，对于全国各类企事业单位的车间、工段、班组授予全国“工人先锋号”，也就是说，此后全国五一劳动奖状（班组）原则上不再授予车间、工段、班组，全国“工人先锋号”成为车间、工段、班组的最高褒奖。

2011 年

11 月 25 日　全国总工会下发了《全国五一劳动奖状、全国五一劳动奖章、全国工人先锋号评选管理工作暂行办法》，对全国“工人先锋号”荣誉称号的授予条件、日常管理、撤销条件等做出了明确规定。

2021 年

2 月 8 日　全国总工会办公厅下发了《关于推荐评选 2021 年全国五一劳动奖和全国工人先锋号的通知》，表彰“工人先锋号”1300 个。其中，延续近几年的规模和做法，评选“工人先锋号”900 个（简称常规表彰）；增加的名额用于表彰“十三五”期间全国引领性劳动和技能竞赛中涌现的先进车间、工段、班组，共 400 个“工人先锋号”（简称竞赛表彰）。

2022 年

1 月 30 日　全国总工会办公厅下发了《关于推荐评选 2022 年全国五一劳动奖和全国工人先锋号的通知》，将“工人先锋号”的表彰分为常规表彰和单列表彰，即符合即时表彰条件的对象一般不再当时授予奖章（即时表彰），调整到“五一”国际劳动节前夕与常规表彰一并表彰，名额单列。

图书在版编目（CIP）数据

工人先锋号 / 赖志凯编著 . —北京：中国工人出版社，2023.8
ISBN 978-7-5008-8247-3

Ⅰ . ①工…　Ⅱ . 赖…　Ⅲ . ①工会工作－概况－中国
Ⅳ . ① D412.6

中国国家版本馆 CIP 数据核字（2023）第 152896 号

工人先锋号

出 版 人　董　宽
责任编辑　安　静　王晨轩
责任校对　张　彦
责任印制　栾征宇
出版发行　中国工人出版社
地　　址　北京市东城区鼓楼外大街45号　邮编：100120
网　　址　http://www.wp-china.com
电　　话　（010）62005043（总编室）
　　　　　（010）62005039（印制管理中心）
　　　　　（010）62382916（工会与劳动关系分社）
发行热线　（010）82029051　62383056
经　　销　各地书店
印　　刷　北京美图印务有限公司
开　　本　787毫米×1092毫米　1/32
印　　张　5.125
字　　数　80千字
版　　次　2023年10月第1版　2023年10月第1次印刷
定　　价　38.00元